나이 드는 즐거움

ⓒ John Lane 2010, The Art of Ageing
Originally published by Green Books. Translated and printed by permission. All rights reserved.

이 책의 한국어판 저작권은 PubHub 에이전시를 통한 저작권자와의 독점 계약으로 도서출판 베이직북스 출판사에 있습니다. 저작권법에 의해 한국 내에서 보호를 받는 저작물이므로 무단 전재와 무단 복제를 금합니다.

존 레인 지음 | 고기탁 옮김

나이 드는 즐거움

12:00:00

베이직북스

프롤로그

그리고 그렇게, 시간의 흐름과 함께 우리는 익고 또 익어간다.
그리고 이후로도 시간의 흐름과 함께 우리는 썩고 또 썩어간다.
그리고 그 자리에는 이야기가 열린다.
— 윌리엄 셰익스피어, 《뜻대로 하세요》 중에서

윌리엄 해즐리트는 "젊은이들은 언젠가 그들도 죽을 거라는 생각을 하지 못한다."라고 말했다. 나 역시 다르지 않았다. 젊은 시절에 나는 죽음에 대해서 생각해본 적이 없었고, 늙는다는 것에 대해서도 마찬가지였다. 심각한 질병에 걸릴지 모르니 보험이라도 들어놔야겠다는 생각을 한 적도 없었다. 죽음이나 늙음이라는 주제에 거부감이 있어서 그랬던 건 아니다. 단지 관심이 전혀 없었을 뿐이다.

나는 올해로 80세가 되었지만 지금까지도 건강 문제로 심각하게 고민해본 적이 없다. 다만 몇 년 전에 네 단계에 걸친 심장수술을 받아야 했고 파킨슨병 진단을 받았을 뿐이다. 그래도 현재는 가끔씩 발생하는 비뇨기 계통의 문제와 변비, 전신피로감 등을 제외하면 상당히 활동적인 편이다. 덕분에 용기를 내서 창조적이고 깊이 있는 노후생활에 관해 책을 써보는 게 어떨까 하는 생각을 하게 되었다.

사실 나는 내가 머리가 허옇게 세고 성기능 장애, 활력 감소, 단기기억력 저하 등을 겪고 있지만 전혀 늙었다고 느끼지 않는다. 내가 늙었다는 모든 증거에도 불구하고 마음은 항상 예전 그대로이다. 이런 점에서 나는 전직 도서관 사서이자 95세인 지미 서스크의 말에 동의한다. 그는 "나는 고령이라는 말을 무시한다. 아예 그 존재 자체를 인정하지 않는다."라고 말했다.(2009년 2월 21일자, 〈가디언〉지의 인터뷰 기사 중에서) 이러한 생각은 아마도 이 세상의 노령 인구 대부분 또는 최소한 적절한 건강을 유지하고 있는 모든 노인들이 공감하는 견해라고 본다.

물론 나이를 먹는 것은 자연스런 삶의 일부분이고 피할 수 없는 과정이다. 거대한 고래나 하늘을 나는 새, 무수한 파충류도 세상에 태어나서 병들고 나이들고 결국엔 죽기 마련이다. 따라서 우리도 조만

간 그들과 같은 길을 걷게 되리라는 사실을 직시해야 한다. 그리고 거기에 더해서 우리가 끌어모을 수 있는 최대한의 품위, 기쁨, 상상력, 봉사정신을 유지하며 살려고 노력해야 한다. 불가피해서 피할 수 없다면 끊임없이 영속되는 인생의 다양한 변화를 이해하고, 받아들이고, 심지어 축복받으려고 적어도 노력은 해 볼 수 있다.

나는 삶이 영원하지 않다는 사실이야말로 삶을 매우 소중하게 만드는 조건이라고 믿는다. 인생은 짧다. 이 사실을 분명히 인식하고 있어야만 우리는 매 순간에 존재하는 아름다움을 감상하고 교훈을 얻고 사랑을 나눌 기회를 낭비하지 않을 수 있다.

하지만 젊음을 지나치게 찬양하는 문화풍조는 우리가 이러한 기회를 붙잡기 더욱 어렵게 만들었다. 사회는 노인을 경시하고 성숙함이나 지혜, 고통과 상실, 심지어 느림에서 얻을 수 있는 교훈의 가치를 무시한다. 노화는 우리 세대의 주된 두려움이 되었다. 노화가 오는 것을 막기 위해 상당한 액수의 돈이 지출되고 있다. 그러나 어떤 경우에도 노화를 막을 수는 없다.

미래에는 불가피하게 노인들이 사회에 점점 더 많은 영향을 끼칠 것이다. 우리는 앞으로 생태학적 측면에 대한 인식이 늘어나서 과연 지구가 환경 친화적으로 거듭날 수 있는지 아닌지는 알 수 없다. 하지만 노령 인구가 증가해서 사회가 고령화될 거라는 사실 만큼은 확실히 알 수 있다. 2040년이 되면 영국에서 65세 이상 인구수가 5세 미만 인구수를 앞지를 것이라는 예상이 이미 나와 있기도 하다.

시어도어 로잭이 쓴 책《현자 미국(America the Wise)》은 노화를 긍정적인 시각으로 바라본다. 로잭은 노인이 불가피한 현실을 받아들여야 한다는 말로 시작하지만 결국엔 노인이 승리할 거라고 예상한다. 노령 인구의 숫자만으로도 사회에 변혁을 일으킬 수 있다. 사회는 약육강식의 자본주의와 환경 착취적인 상태에서 벗어나 로잭이 '온화한 자의 생존'이라 부르는 상태로 변화할 수 있다. 로잭의 주장에 따르면 노인 인구의 비율이 증가하면서 결국에는 노인에게 소중한 가치들이 중요하게 부각될 것이다. 그 가치란 고통의 경감과 비폭력, 정의, 보살핌, 그리고 건강하고 아름다운 지구를 유지하는 것이다. 이 목록에 나는 신성한 생활의 가치도 덧붙이고 싶다.

로잭의 미래상을 실현시키기 위해서는 노인을 우울증에 걸려 비활동적으로 만들고, 분노케하여 편협하게 만들며, 노인네라고 부르며 소외시키는 노년에 대한 병적인 고정관념을 몰아내야 한다.

이를 위해서 우리는 노년을 새로운 시각으로 바라볼 필요가 있다. 노년을 슬픔, 쇠락, 상실 같은 부정적 관념으로만 보지도 말고, 의미와 영성 같은 긍정적 측면만을 부각시키지도 말아야 한다. 이 두 가지가 골고루 혼합된 시각으로 봐야 한다. 질병이나 죽음은 슬픔과

두려움뿐 아니라 홀가분함이나 유머에 이르기까지 다양한 감정을 불러일으킬 수 있다.

이 책은 노년에 직면해 있거나 노년을 어떻게 봐야 하는지 궁금해하는 사람들을 위해 썼다. 단테의 서사시 《신곡》에서 베르길리우스는 단테가 지옥과 연옥을 여행하는 긴 시간 동안 안내자이자 위안자, 친구가 되어준다. 마찬가지로 이 책 또한 나이가 들어 매우 다양하고 고된 여행을 시작하는 사람들에게 그와 비슷한 도움이 될 수 있기를 바란다.

이 글을 마치기 전에 나 역시 모든 답을 알고 있지 못하며 오히려 그 반대라는 사실을 분명히 해두고 싶다. 나는 단지 초심자이자 배우는 사람이다. 나 자신도 나이가 들어가면서 도움이 되는 것과 되지 않는 것을 발견해가고 있다. 그렇지만 이것만은 모두와 공유하고 싶다. 삶이 아무리 힘들어지고 생을 마감할 날이 점점 더 가까워지더라도 의식을 가지고 있는 매 순간이 소중한 선물이라는 점이다.

모든 일출, 풀밭, 애정 어린 해후를 즐겁고 감사한 마음으로 향유해야 한다. 어떤 어려움을 겪든 인생은 산 자를 위한 것이고 죽음은 우리가 정말로 살아 있고 이곳에 있다는 증거일 뿐이다. 애석하게도 삶은 언젠가 끝나기 마련이지만, 그때까지 최대한 누리며 살자!

지금 가장 어여쁜 나무, 벚나무는
나뭇가지를 따라 꽃이 만발하고
말을 타고 가는 숲속에 줄지어 서 있네,
부활절을 맞아 흰옷으로 단장하고.

이제, 내 인생 칠십 년 중
스무 해는 다시 오지 않으리니,
일흔 번의 봄에서 스물을 빼면
오직 쉰 번만 남는구나.

만발한 꽃을 바라보기엔
쉰 번의 봄은 충분치 않아,
숲길을 따라 나는 가리라
눈송이 매달린 벚나무 보러.
— A. E. 하우스만

필자가

차 례

프롤로그 · · · 4

1장 늙음은 대다수가 거부하는 특권

01 나이가 든다는 것 · · · 16
01 느리게 사는 즐거움 · · · 19
03 노년의 자유 · · · 22
04 나이듦에 관한 사유 · · · 27
　장수 혁명 | 인구 폭발 | 젊은이에게 호의적인 사회 | 노년의 자부심 | 노년에 대한 편견과 오해 | 나이듦에 관한 인식의 전환

2장 유쾌하게 나이 드는 9가지 방법

01 긍정 · · · 46
02 은퇴 · · · 50
03 스트레스 · · · 56
04 죄의식 · · · 59
05 두려움 · · · 61
06 노여움 · · · 63
07 돈 · · · 65
08 깨달음 · · · 67
09 소비적인 사회 · · · 69

3장 멋지게 나이 드는 기술

01 건강하게 사는 법 · · · 72
02 음식과 운동 그리고 휴식 · · · 76
03 유머 · · · 78
04 삶에 대한 성찰 · · · 80
05 성생활과 섹스 · · · 82
06 목표 · · · 84
07 재충전 · · · 87
08 활력 유지 · · · 89
09 균형 잡힌 시각 · · · 93
10 호기심 · · · 95
11 감사 · · · 96
12 소소한 즐거움 · · · 98
13 받아들임 · · · 100
14 노화를 극복하는 힘 · · · 102
15 애완동물 · · · 104
16 컴퓨터 · · · 106
17 융통성과 창조성 · · · 107
18 도움받기 · · · 108
19 사회 참여 · · · 109
20 자기 성찰 · · · 111
21 정체성 · · · 113
22 젊음 · · · 114
23 희망 · · · 115

4장 열정보다 오래 사는 비결은 없다

01 당신의 계획은 무엇인가? · · · 118
02 남자는 나이들면 탐험가가 된다 · · · 120
03 노년은 자아실현을 위한 완벽한 기회다 · · · 127

5장 죽음을 받아들이는 지혜

01 사후에 대한 집착 · · · 134
02 죽음에 관한 다양한 관점 · · · 140
03 죽음을 받아들이는 법 · · · 145
04 장례식 · · · 147

6장 노년의 품격

01 품위 있게 늙는다는 것 · · · 154
02 세상의 경이로움 · · · 157
03 세상을 활기차게 걷기 · · · 162
04 삶에 대한 애착을 가져라 · · · 166

7장 멋지게 나이든 사람들의 짧은 이야기

01 전문 경험으로 봉사하는 피터 애슈턴 ···170
02 약속된 땅에 사는 바바라 블랙맨 ···173
03 지루할 틈이 없는 엠마 브로페리오 ···181
04 아주 특별한 에너지를 지닌 메리 쿠즈너 ···185
05 96세의 도예가 마리안 데 트레이 ···189
06 94세의 정신분석학자 게르트루트 훈지케-프롬 ···193
07 83세의 시골 지킴이 딕 조이 ···197
08 수도승 출신 편집자, 교수 사티시 쿠마르 ···203
09 가이아 이론의 창시자 제임스 러브록 ···211
10 흥미로운 시대를 사는 데니스 피커링 ···219
11 87세의 독설가 앤 웨스트컷 ···223

특별부록 | 퇴직 후에 할 수 있는 창업 아이템 ···229

에필로그 ···278

1장

늙음은 대다수가
거부하는 특권

겨우 최근에야 노인학을 연구하는 젊은 학자들이 어떤 문제에 의문을 품기 시작했다. 즉 인간답게 사는 데 있어서, 자식을 다 키우고 나서 노인으로 사는 긴 기간이 젊은 시절만큼 중요하지 않은가 하는 점이다. …… 우리는 노년을 왜 인생의 새롭고 진화적인 단계로 보지 않는가? 젊었다가 쇠퇴하는 것이 아니라 그 자체를 제약이 없는 발전으로 여기지 않는가? 실제로 나이에 제약을 가하는 것은 우리가 아닐까?

— 베티 프리던, 《나이의 원천(The Fountain of Age)》 —

01

나이가 든다는 것

> 나이가 들고 난 다음에야 세상이 아름답다는 것을 깨달았노라.
> ― 루이지 코르나로

나이가 들더라도 적당히 건강해서 질병에 걸리지만 않는다면 얼마든지 즐겁고 만족스럽게 인생의 황혼기를 보낼 수 있다. 물론 사람에 따라서는 건강이 나빠지기도 하고 불행하거나 슬픈 일을 겪을 수도 있다. 하지만 대부분의 경우, 이 시기는 많은 사람에게 그동안 경험하지 못한 가장 행복한 기간이 될 수도 있다. 자식과 손자손녀, 배우자, 동료, 사랑하는 친구들과의 관계가 성숙해지면서 이 시기는 창조적인 성장을 위한 전례 없이 풍요로운 기회가 될 수도 있기 때문이다.

노년은 특별한 기회를 제공한다. 끝을 알 수 없을 정도로 불확실한 젊은 시절과 비교했을 때, 노년에는 만족스런 안정감이 존재한다. 또한 일과 생활을 성공적으로 해내느라 정신없이 바쁜 일상을 보내야 하는 중년과 달리 은퇴 초기에는 다른 일에 치여서 전에는 엄두도 내지 못했던 일들을 시작할 수 있는 자유가 주어진다. 나이가 들면 몸이 쇠약해지기도 하지만 고령에 따른 그 나름대로의 보상도 있다.

연륜이 쌓일수록 미숙하고 피상적이던 존재는 이해심과 복잡성을 지닌 깊이 있는 존재로 거듭난다. 부산함은 방해를 받지 않고 여가를 즐길 수 있는 평온함으로 대체된다. 비로소 실험정신과 창조성을 발휘할 수 있는 기회가 생기고 다양한 잠재성을 탐험할 수 있는 여유가 찾아온다. 우리가 꿈꾸던 대로, 본연의 모습대로 살 수 있는 시간이 생기는 것이다.

나이가 든다는 것은 넓은 영역에 걸쳐 새로운 흥미를 찾을 수 있는 자유말고도 특별한 미덕을 갖춰준다. 바로 겸손이다. 첼로 연주자 파블로 카잘스에게 아흔 세 살의 고령에도 불구하고 매일 3시간씩 연습하는 이유를 묻자 그는 씁쓸한 표정으로 대답했다.

"나는 이제야 겨우 어떤 진전을 느끼기 시작했습니다."

나이가 든다는 것은 바랄진대 분명 지혜로워진다는 의미이다. 활력

과 명상, 모험심과 성찰, 열정과 평정 사이에 균형을 잡을 줄 아는 사람이 되는 것이다.

선택은 우리의 몫이다. 그 선택에 따라 우리는 우울한 염세주의자가 될 수도 있고, 삶에 애정을 갖고 행복하게 사는 법의 달인이 될 수도 있다.

헨리 데이비드 소로(Henry David Thoreau, 1817~1862, 미국의 철학자·시인·수필가)는 말했다.

"나는 깊이 있는 삶을 원했고 삶의 모든 정수를 맛보고 싶었다. 또한 스파르타 사람들처럼 꿋꿋하게 살면서 삶이라 할 수 없는 모든 요소를 도려내고 싶었다."

02

느리게 사는 즐거움

> 봄의 노래는 어디에 있는가? 정녕 어디에 있는가?
> 생각지 말라 봄의 노래, 그대 노래 없지 않으니.
> ― 존 키츠, 《가을에 부쳐》 중에서

나이가 들수록 그리고 온갖 우울한 상념과 더불어 죽음을 생각하면 할수록 삶의 허무함과 유한함을 마음속 깊이 인정하고 받아들이게 된다. 현실을 직시하자. 몽테뉴가 이야기한 것처럼 죽음이란 단지 삶의 끝자락에 존재하는 불쾌하고 짧은 한 순간일 뿐이다.

한편으로는 내게 있던 어떤 능력이 폐업을 선언하기도 하지만, 아

마도 짐을 싼다는 표현이 더욱 적합하겠지만, 내적인 다른 것이 조용히 그 자리를 대신한다는 사실에 위안을 얻는다.

나와 세상은 '외적인' 관심사에서 '내적인' 관심사를 바탕으로 하는 관계로 변화한다. 기쁨과 침묵, 고요와 성찰의 중요성은 점점 더 높아진다. 반면 만들고 행동하며 이리저리 뛰어다니는 것은 그다지 중요하지 않게 된다.

젊은 시절 나는 활동적인 삶에 치중했다. 공부하고 일하며 직장 경력을 쌓고 자녀를 양육하는 삶이었다. 하지만 지금은 내면적인 것에 관심을 쏟는다. 독서와 그림, 집필과 음악 감상을 즐기고 소소한 것을 관찰하면서 점점 더 많은 만족감을 느낀다.

바람이 나뭇가지 사이를 어떻게 스쳐가는지, 물결이 장애물을 만나면 어떻게 변화하는지 관찰하거나 회색과 보라색 구름 언덕 뒤로 저물어가는 주홍빛 태양의 아름다움을 감상한다. 이러한 지각(知覺) 활동은 우정이나 새로운 지식의 발견처럼 나를 살찌운다.

수년 전까지 나는 여행을 통해서 즐거움을 만끽했다. 인도를 알게 되었고 지금까지도 그때의 여운에서 완전히 벗어나지 못하고 있다. 오랜 역사와 전통을 자랑하는 일본도 인도에 못지않았다. 해마다 러시아나 리투아니아, 태국, 모로코, 캄보디아나 뉴질랜드, 스웨덴, 호주나 미국 등을 여행했다.

하지만 지금은 가을이 여무는 작은 관목 숲을 보는 것만으로도 충분하다. 나뭇잎이 떨어지고 은색으로 변해가는 나뭇가지 색깔을 보라! 오랜 세월을 버텨온 회색 바위와 썩어가는 낙엽도 있다!

잠시 멈추어서 앙상한 나뭇가지로 날아드는 새들과 코팅된 듯 반짝이는 물웅덩이의 수면을 살펴보자. 이 계절에 어울리는 갈색의 질척한 블라망주(푸딩 같은 디저트의 일종) 같은 진흙은 그 나름대로 화려함을 뽐낸다. 지금 내 얼굴에 닿는 12월의 차가운 바람은 내가 살아있음을 일깨워준다.

예술 작품을 감상하면서도 비슷한 변화를 경험한다. 나는 알프레드 델러가 퍼셀의 '잠시 동안의 음악(Music for a While)'을 매혹적으로 연주하는 것을 처음 들었을 때 느낀 흥분을 결코 잊을 수 없다. 당시의 연주는 그 자체로 나무랄 데 없이 훌륭했다. 하지만 지금은 그때 모르던 깊고 폭넓은 지식과 함께 음악을 한층 더 깊이 이해한다. 그리고 퍼셀의 음악적인 씨앗은 마침내 천국 같은 정원에서 더할 나위 없이 이국적이고 아름다운 꽃으로 만개한다.

노년의 자유

늙는 것을 애통해하지 마라.
늙는다는 것은 대다수가 거부하는 특권이다.
― 작자 미상

인생의 황혼기에 접어들어서 나는 또 다른 자유를 얻기도 했다. 내 본연의 모습으로 사는 자유, 그리고 세상 사람들의 눈치를 보지 않고 사는 자유, 오늘날 만연한 물질만능주의를 거부하고 무조건 많이 갖고 빨리 살아야 한다는 성숙하지 못한 강박관념을 거부할 수 있는 자유이다. 나는 심지어 내 자신이 전통적인 행동양식의 굴레로부터 해방되었다고 믿고 싶다. 이것은 우리의 삶이고 시간이다. 우리는 타인과 주변 환경에 대한 도의적인 책임의 테두리 안에서 자기 본연의 목적에 맞게 인생을 즐겨야 한다. 그리고 쌍둥이처럼 작용하는 가책과 죄책감의 속박에서 벗어나야 한다.

그럼에도 불구하고 나이가 든다는 건 여전히 보통 일이 아니다. 용기와 절제가 필요한 일이다. 여기에서 절제란 젊은 시절의 자신감이나 확고한 태도와 대조된다. 심약한 사람에게 늙는다는 것은 특히 받아들이기 힘든 현상이다. 고령에 따른 노화현상을 호의적인 시각으로 보는 사람도 노화가 얼마나 비참한 것인지 빈번히 인정하게 된다. 메리 C. 모리슨은 "시력이나 청력, 체력, 민첩성이나 단기 기억력의 저하 등 자신의 몸에 노화가 진행되는 것을 지켜보려면 엄숙할 정도로 평온하거나 인내하는 영웅적 용기가 필요하다."라고 말했다.

신체 기능이 감퇴하는 속도나 정도는 개인마다 차이가 있지만 대부분의 노인은 질병으로 시달리기 마련이다. 그 외에도 다른 요소가 노년기를 힘들게 한다. 경제적으로 축소된 생활과 자식에 대한 지속적인 책임감도 그 중에 하나이다. 하지만 다른 무엇보다도 가까운 친인척의 죽음은 심각한 정신적 충격을 준다.

노인은 재정적인 어려움에 직면할 수도 있고 사랑하는 친구의 죽음으로 슬픔을 겪을 수도 있으며, 인생의 좋은 시절이 이미 다 지나갔

다고 생각할 수도 있다. 그렇다. 노년기는 슬픔과 커다란 상실감의 시기이다. 하지만 동시에 삶의 의미를 찾거나 영적인 안정을 찾으면서 보상을 받는 시기이기도 하다. 이러한 보상 덕에 우리는 타고난 사명을 어느 정도 완수했다는 만족감과 함께 죽음을 맞는다. 물론 타고난 사명을 완벽하게 완수하기 위한 노력에는 끝이 있을 수 없다. 우리는 평생 동안 삶이라는 위대한 여정을 통해 빛과 그림자, 오르막과 내리막, 환희와 실망을 경험한다.

사람됨과 타고난 고유한 재능에 따라서 다르지만 우리는 인생에서 스스로를 발견할 수 있는 기회를 최소한 한 움큼씩은 경험했다. 적어도 나나 내 친구들의 경험에 비추어봤을 때는 그렇다. 어떤 이들은 합창단에서 노래를 하거나 고고학 유물을 파내는 일에서 또는 낚시를 하면서 즐거움을 찾았다. 내 모친의 경우에는 아이들에게 수영을 가르치는 일에서 즐거움을 찾았다. 어떤 이들은 책을 만들거나 사진을 찍고 새를 연구하며 정원을 가꾸는 일에 몰두했다. 어떤 이들은 인류애나 정치, 종교, 문화적 목적으로 본인의 기술을 다양한 조직에 제공함으로써 많은 사람을 위해 봉사했다.

내 친구 중 한 명은 악보 읽는 법을 배우고 노래와 이탈리아어 수업을 듣고 있다. 그녀가 평소에 항상 배우고 싶어 했던 것들이지만 이제야 즐길 수 있는 시간과 방법이 생긴 것이다. 어떤 사람은 개방대학이나 노동자 교육 연합, 3세대 노인대학 등에서 특별한 주제를 공부하면서 만족을 느낀다. 스포츠를 통해 우정이나 만족을 찾는 사람도 있다. 럭비나 축구는 더 이상 신체적으로 적합한 운동이 아닐 수도 있다. 하지만 많은 고령자들이 체스 같은 보드게임뿐 아니라 볼링이나 크리켓(방망이로 공을 쳐서 위킷을 쓰러뜨려 승부를 겨루는 경기), 수영은 물론 테니스까지 즐기고 있으며 그러한 게임을 통해 경쟁심을 충족시킨다.

손주들과의 관계가 갖는 매력과 그에 따른 책임은 우리를 젊은 사람과 접촉하고 세상과 이어진 끈을 유지하도록 도와준다. 손자손녀에게서 배울 수 있는 것이 정말 많다. 손자나 손녀는 우리가 무뚝뚝하거나 인색하지 않게 살도록 도와주고, 우리가 어린 시절에 알고 있던 세상과는 사뭇 다른 세상을 받아들일 수 있게 도와준다. 할아버지나 할머니가 되는 것은 하나의 특권이며 기쁨이다. 노년에 맞이하는 가장 중요하고 큰 보상이 따르는 일이며 나이가 들어야만 누릴 수 있는 즐거움이다.

다가올 삶이 어떻게 진행될지 그리고 그 결과가 어떨지는 누구도 확신할 수 없다. 하지만 어떤 경우라도 나이가 든다는 것이 전적으로 나쁘다거나 좋다고 말할 수 없다. 청년기나 인생의 다른 도전 무대와 마찬가지로 나이듦에는 좋고 나쁜 것이 마구잡이로 섞여 있다.

토마스 콜(Thomas Cole, 1801~1848)은 이렇게 말한다.

"노화는 질병이나 죽음에 대한 인간의 가장 근원적인 투쟁을 보여준다. 즉 한편에 있는 무한한 야망과 꿈, 욕망 등이 다른 한편에 있는 취약하고 제한적이며 쇠약해가는 물리적인 존재와 부딪히면서 갈등을 일으킨다. 육체와 정신이 비극적이고 뿌리 깊은 싸움을 벌이는 것이다. 이러한 모순은 경이로운 현대 의학이나 노화에 대한 긍정적인 태도로도 근절할 수 없다."

윌리엄 블레이크(William Blake, 1757~1827)는 그의 장시 '순수의 전조'에서 이러한 이중성을 완벽할 정도로 간결하게 표현했다.

인간은 기쁨과 비애를 안고 태어났으며

우리가 이것을 올바르게 알 때,

우리는 세상을 안전하게 지나갈 수 있다.

기쁨과 비애는 훌륭한 천이 되어

신성한 영혼에게 안성맞춤의 옷을 제공한다.

모든 슬픔과 시름 밑으로는

비단으로 엮어진 기쁨이 흐른다.

04

나이듦에 관한 사유

일반적으로 노인이라고 알려진 나이가 되는 것은
인생의 또 다른 발전적 단계로 들어서는 것이다.

— 셔윈 B. 널랜드

✺ 장수 혁명

자연은 아낌없이 생명을 베푼다. 여기에 더해서 생명의 탄생을 지나치게 남발한다. 수없이 많은 존재가 새롭게 태어나지만 정작 대다수가 번식 적령기까지 생존하지 못한다. 죽음의 남발도 그에 못지않다.

해마다 인간은 최소 5,600만명이 사망하고 새나 기타 작은 동물은 전체 개체수 중 절반이 죽는다. 살아남은 나머지 절반의 흰긴수염고래나 버마재비, 연어, 기타 곤충 등 다양한 생물은 각각 수많은 새끼를 낳아 번식한다. 야생에서 늙도록 사는 건 매우 드문 일이다.

유대인 예언자 므두셀라는 969세까지 살았다고 전해진다. 하지만 고고학적 증거에 따르면 네안데르탈인과 구석기인은 남녀를 통틀어 절반에 달하는 숫자가 20세 이전에 죽었다고 한다. 50년 넘게 사는 사람은 매우 드물었다. 사람들은 사고나 재난, 역병, 기근이나 전쟁을 자연이나 신의 탓으로 돌렸다. 스위스의 내과의사인 파라켈수스(1493~1541)가 살던 시대에는 질병을 신이 내리는 형벌로 여겼다.

중세에 이르러서 유럽의 평균 수명은 대략 30세로 늘어났다. 식량 부족이나 질병, 영양실조나 불결한 위생 환경이 복합적으로 작용하여 대다수가 주어진 수명을 모두 누리지는 못했다. 어린 아이들은 절반에 달하는 숫자가 전염병이나 사고로 인해 채 5살을 넘기지 못하고 사망했다. 특히 익사나 추락사 또는 화상을 입고 사망하는 사고가 잦았다. 하지만 건강하고 운이 좋아서 20세까지 살아남는 경우 앞으로 25년은 더 살 수 있을 거라는 믿음으로 작용하였다.

내가 가장 좋아하는 작가이기도 한 미셸 드 몽테뉴(1533~1592)는 자신의 젊은 시절을 돌아보며 30세의 나이를 정력이 쇠하는 분수령으로 여겼다.

　청동기에서 19세기 말까지 기대 수명은 대략 29년이 늘었을 뿐이다. 하지만 20세기에 들어서 적어도 산업화가 진행된 나라에 한해서는 기대 수명이 비약적으로 늘어났다. 평균 30년 이상이 늘어나서 77세를 넘어섰다.

　유사 이래 처음으로 인간은 수명을 연장하는 의술과 공중 보건 혁명의 혜택을 누리기 시작했다. 불과 1세기 이전만 해도 많은 사람이 손주도 보지 못하고 죽어갔다. 하지만 이제 우리는 손자손녀의 자녀까지 볼 수 있을 거라고 기대한다. 의술과 과학, 기술이 발전하면서 우리는 수십 년에 이르는 노후를 안정적으로 즐길 수 있게 되었다. 오늘날 미국 여성의 기대 수명은 84세이고 남성은 81세이다.

　시어도어 로작은 이를 장수 혁명이라고 정의한다.

　"덤으로 주어지는 이 기간 중에 더 이상 가족을 부양하거나 상사에게 아부할 필요가 없어진, 또는 먹고 살 걱정이 없어진 사람들은 사람들과 어울리기 시작한다. 여기에서 더 나아가 친분을 쌓기 위한 사교단체를 조직해서 깊이 있는 사색을 하거나 예술 활동을 하고 자연을 공부한다. 또한 젊은 사람을 가르치기도 하고 신앙생활을 하며 서로에게 의지하기도 한다. 이 점이 바로 장수 혁명에 관한 가장 중요한 현실을 반영해준다. 장수 혁명으로 긴 노년의 시간을 얻은 이 놀

라운 세대는 수많은 어려움에도 불구하고 행복한 노년을 보낸다."

하지만 얼마전까지만 해도 사회 발전의 척도로 여겨졌던 인구 증가가 오늘날에는 지구의 기후 변화 같은 심각한 문제로 인식되기 시작하고 있다. 오늘날에는 은퇴한 한 명을 4명의 취업 인구가 부양해야 한다. 게다가 은퇴연금으로 들어가는 비용도 이미 만만치 않다. 더욱이 45년 후에는 겨우 2명의 취업 인구가 은퇴자 한 명을 부양해야 한다. 재키 애슐리가 〈가디언(Guardian)〉지에 기고한 글에 따르면 이것은 도저히 불가능한 일이다. 재키 애슐리는 묻는다.

"그렇다면 해답은 무엇인가? 대규모 안락사인가? 빈민가를 만들어서 노인들을 격리해야 하는가? 아프리카나 아시아에서 젊은이를 수백만 명씩 입양해서 부양자를 늘려야 할까? 그야말로 말도 안 되는 생각이 아닌가? 그렇다면 말이 되는 생각은 무엇일까?"

✻ 인구 폭발

신생아 숫자도 늘고 있지만 인간의 수명 또한 늘고 있다. 80대나 90대 노인도 흔하지만 그 이상도 부지기수다. 영국 인구의 약 20퍼센트가 현재 은퇴 연령을 넘어섰다. 이것은 역사상 처음으로 연금 수령자가 16세 이하의 어린이보다 많아졌다는 의미이다. 1952년 엘리자베스 2세 여왕은 왕좌에 오르면서 전체 국민 중에서 100세가 넘은 노인 255명에게 축하 전보를 보냈다. 오늘날이라면 12,000통 이상은 보냈어야 할 것이다.

 이처럼 증가된 노인 숫자는 인구 시한폭탄으로 간주된다. 고령자는 더욱 늘어나는 반면 근로자는 계속해서 감소하고 있다. 늘어나는 고령 인구를 줄어든 근로 인구가 내는 세금으로 부양하는 것이다. 이러한 양상이 지속되면 연금과 경제, 정치 체계에 전례 없는 파급효과가 나타날 것으로 예측된다.

 일찍이 토마스 로버트 맬서스(Thomas Robert Malthus)는 인구 과잉에 따른 위험성을 경고한 적이 있었다. 이 영국 경제학자이자 선구적인 인구통계학자는 산업혁명의 중심에 있었고 당시 세계 인구는 채 10억에 못 미쳤다. 1798년 맬서스는 유명한 저서인 《인구론》에서 인류는 가용(可用) 자원을 고갈시켜서 파멸에 이를 수 있다고 지적했다. 맬서스는 궁핍한 미래를 피할 수 없다고 주장했다. 인구가 기하학적으로 불어나서 산술적으로 증가하는 생계 수단을 훨씬 능가할 것이기 때문이다.

 오늘날 맬서스의 예언은 신뢰성에 대해 많은 의심을 받고 있다. 그럼에도 우리는 감소 추세에 있는 젊은 가용 인력이 어떻게 증가 추세

에 있는 노년층을 부양할 수 있는지 여전히 심사숙고할 필요가 있다. 과연 이러한 현상은 불가항력적인 일이고 연금과 의료보험제도는 이대로 무너져야 할까?

한편 제임스 러브록(James Lovelock, 가이아 이론의 창시자)과 그를 따르는 사람들은 지구가 적정하게 수용할 수 있는 것보다 많은 인간과 그들이 키우는 애완동물, 가축을 수용하고 있으며 그로 인해 지구온난화 현상이 초래되고 있다고 주장한다. ≪사라져가는 가이아의 얼굴(The Vanishing Face of Gaia)≫에서 러브록은 현재 70억이 넘는 세계 인구로는 인류의 존속 자체가 불가능하기 때문에 대대적인 인구 감소가 필요하다고 주장한다.

"마치 카산드라라도 되는 것처럼, 불길한 예언을 내놓는 것이 달가운 일은 아니다. 과거에 나는 종말론에 대해서도 공개적으로 회의적인 입장을 고수한 적이 있었다. 하지만 이제 우리는 인류가 지구온난화 때문에 지구에서 영원히 사라질 수도 있다는 가능성을 심각하게 받아들여야 한다."

이러한 경고로도 부족해서, — 그리고 이러한 경고에는 자원 고갈과 환경 파괴 같은 비극적이고 충격적인 요소도 보태져야 한다고 생각하는데 — 영생을 향한 인류의 오래되고 저항할 수 없으며 오만한 열망을 바탕으로 과학자들은 계속해서 소위 '노화 문제'에 대한 해결

책을 찾고 있다. 지금 이 순간에도 인류의 노화를 늦춰줄 물질에 대한 개발 노력이 진행되고 있다.

2009년 7월 9일자 〈인디펜던트(Independent)〉지는 "장기이식 중에 거부 반응을 억제하기 위해 사용되는 라파마이신이 흰쥐의 수명을 38퍼센트까지 연장시켰다. 이것으로 인간의 노화를 늦출 수 있는 가능성이 더 한층 높아졌다."고 보도했다. 이 보도는 결국 상당한 반향을 일으켰고 노화에 대한 세계적인 두 명의 전문가가 〈네이처(Nature)〉지에 기고를 통해서 공개적으로 질문을 던지기에 이르렀다.

"이번 결과로 인류는 항노화 신약 개발의 첫발을 내디딘 것일까?"

나는 몽테뉴의 주장에 동감한다. 몽테뉴는 독자에게 자연이 하는 일을 침해하지 말라고 경고하면서 "자연은 스스로의 일을 우리보다 잘 알고 있다."라고 말했다.

무차별적으로 혹사당하고 약탈당하고 있는 이 행성에 살고 있는 인류의 미래에 대해서 나 혼자만 이런 생각을 하는 것은 아닐 것이다.

✤ 젊은이에게 호의적인 사회

17세기에 자본주의와 공업화는 사람들의 일과 사고방식, 정치와 시장, 문화와 여가에 일대 혁명을 낳았고 막대하고 지속적인 영향을 끼쳤다. 사회 발전과 그에 따른 가치관은 발전된 기계뿐 아니라 새로운 사고를 요구했다. 신인류가 탄생한 것이다.

이 혁명 과정을 연구한 《미래의 반항아(Rebels Against the Future)》의 저자 커크패트릭 세일(Kirkpatrick Sale)은 다음과 같이 말했다.

"성장과 생산, 속도와 새로움, 능력과 기술을 중시하는 것은 산업정신의 본질이다. 그리고 이러한 요소들은 사회 각계각층에 조급하고 파괴적인 변화를 야기한다. 물론 이러한 변화로 인해 일부는 어느 정도 규칙적으로 어떤 식으로든 혜택을 누리기도 한다. 하지만 이를테면 사회정신이나 시민정신이 아니라 본질적으로 경제적인 기준에서 진행되었기 때문에 결과적으로 물질만능주의만을 가져왔다."

이러한 변화를 기반으로 하는 사회는 적응력이 뛰어나고 기민하며 민첩한, 다시 말해 젊은이에게 호의적인 사회이다. 하지만 변화에 민감하지 못하고 행동이 느린, 그리고 소극적인 고령자에게는 전혀 다른 이야기이다. 그들은 불가피하게 두 번째나 세 번째, 네 번째 자리로 밀려날 것이다.

오늘날처럼 과학기술이 진보된 사회에서 과거에 대한 지식이 무슨 가치가 있을까? 조상이 어떻게 이러저러한 일을 했는지 아는 것은 전혀 다른 세상을 살아가는 현대인에게 별반 가치가 없는 일이다. 돈이 되는 일도 아니고 고용을 촉진하지도 않는다. 오히려 그 반대일 수도 있다.

✤ 노년의 자부심

산업화 이전의 사회에서는 대체로 전통을 중시했다. 노인을 존경하고 죽음과 내세에 집착했다. 힌두교나 이슬람 문화 또는 멕시코나 호주 원주민, 아프리카 문화는 이러한 특징을 잘 보여준다. 그리고 그 안에서는 연장자가 전통 계승자로서 대우를 받았다. 연장자는 관습과 전설에 박식했고 가치의 수호자였으며, 모든 예술과 기술의 전문가로 존경 받았다. 그 모든 것이 해당 공동체의 존속과 직결되는 요소들이었다. 따라서 아프리카 속담은 이렇게 말한다.

"노인의 죽음은 도서관 하나가 사라지는 것과 마찬가지다."

인생에서 젊은 시절과 노년 시절이 어떻게 다르게 기여하는지 생각하기 전에 전통 사회에서 노인들의 역할을 살펴본다면 도움이 될 것

이다. 이를 위해 먼저 20세기 초반에 에드워드 S. 커티스가 촬영한 북아메리카 인디언의 멋진 이미지를 생각해 볼 수 있다. 사진 속에는 목소리에 위엄이 서려 있고 과거를 통해 미래를 안내하는 노인들이 등장한다. 그들에게는 자신의 중요한 사회적 역할에서 기인하는 위엄과 긍지가 몸에 배어 있다.

렘브란트 판 린(Rambrandt van Rijn, 1606~69)의 작품은 노화에 대한 또 다른 관점을 보여준다. 렘브란트는 평생 수십 명의 노인을 상대로 많은 초상화를 그렸는데 여기에는 수백 점에 달하는 자화상도 포함되어 있다. 그는 초상화의 모델을 미화하지 않았다. 모델 역시 화장이나 염색 등의 인공적인 흔적이 어디에도 없다. 그럼에도 노인이 아름답고도 현명할 수 있다는 꾸밈없는 진실을 보여준다.

렘브란트의 초상화는 노년의 외로움에 대한 이야기를 하고 있을지도 모른다. 하지만 부드러움이나 마음의 평화, 자부심에 대한 이야기도 들려준다. 초상화 속에 등장하는 인물은 자신의 위치와 사회적인 역할을 알고 있다.

렘브란트의 1629년 작품 '성경을 읽는 어머니(Mother Reading the Bible)'를 보면 렘브란트가 노인에 대한 심오하고 면밀한 연구를 했다는 사실을 알 수 있다. 그림 속 노부인은 피부가 오래된 사과처럼 주름져 있고 입은 합죽하며 무릎 위에 펼쳐놓고 읽는 책의 큰 활자를 보면 거의 장님이나 다름없다. 하지만 그녀의 모습은 불쾌함이 아니라 한 인간이 지닌 확실한 진실성과 숭고함을 보여준다.

이 초상화는 〈헬로우〉나 〈매니지먼트 투데이〉 같은 잡지에서 (텔레비전은 좀처럼 노인을 모델로 기용하지 않는다) 시장성을 광고하는 패션모델처럼 매끄럽게 표현되지는 않았지만 정말 사랑을 주고받을 수 있는 인간의 모습을 그려내고 있다. 렘브란트의 또 다른 아름다운 작품 '아기 예수와 신전에 있는 시므온(Simeon in the Temple with the Christ Child)'에 등장하는 늙은 현자도 마찬가지다. 커티스의 사진과 렘브란트의 초상화에 등장하는 압도적인 분위기를 지닌 노인들은 위엄이 서린 숭고한 모습이다.

작품 속에 등장하는 노인들이 보여주는 평온함과 동일한 어떤 것이 그리고 오늘날 만연한 행동 지향적인 선동에서 벗어나려는 어떤 것이 돌프 하트시커의 저서 《고행자 : 인도의 남자들》에 실린 사람들의 사진에서도 발견된다.

여기에서 고행자가 흥미로운 이유는 단지 서양에 없는 존재라서가 아니다. 이들이 노인이 지니는 장점에 대해 자연스럽게 공감하는 문화에서 필수적인 존재이기 때문이다. 이런 문화에서는 생각하고, 질문하며, 반성하고, 명상할 수 있는 자유를 소중하게 여긴다.

고전적인 힌두교는 인생을 4가지 단계로 나눈다. 초반 두 단계는

참여를 의미한다. 학생이자 가장으로서 우리가 태어난 사회에 적극적으로 동참하는 것이다. 결혼하고 일하며 가족을 부양하는 시기가 여기에 해당한다. 하지만 후반 두 단계에 이르면 전통적인 힌두교도의 바쁜 초, 중년 생활은 차분하고 사려 깊은 생활로 바뀐다. 이른바 지극히 평온한 마음가짐으로 느리게 생활하는 것이다.

인도에서는 5백만에 이르는 나이가 지긋한 수행자와 탁발승이 탈속한 삶을 선택한다. 아무것도 소유하지 않고 안락함이나 감각적인 기쁨, 세속적인 책임을 초월하여 살고자 한다. 대신 생계를 시주에 의존하고 성지를 순례하며 자신이 존재의 진정한 목적이라고 믿는 것, 즉 깨달음을 추구한다. 그들에게 노년이란 인생에서 진정한 자신을 발견할 수 있는 가능성의 시기이다. 또한 성공을 향해 질주하느라 한쪽에 쌓아두었던 자신의 여러 조각을 하나로 통합하는 시간이다.

따라서 고행자가 지닌 웅지는 확실히 현대 서구인이 갖고 있는 세속적이고 기술적이며 상업적으로 치우친 희망과는 완전히 다르다. 그럼에도 여기에 그들을 언급하는 이유는 인생에서 단지 봄과 여름뿐 아니라 가을과 겨울도 매우 중요하게 생각하는 문화가 있음을 보여주려는 것이다.

✼ 노년에 대한 편견과 오해

그렇다면 인생에서 가을과 겨울은 무엇일까? 삶에서 한 발짝 물러나 자기 성찰을 하고 의미를 찾는 시기이다. 발전이 더디고 전통을 중시하는 문화에서 고령이란 보편적으로 신중하고 현명하며 지혜롭다는 의미이다. 아프리카 전역에서 연장자는 중재인으로서 또는 조력자나 조정자로서 존경과 신뢰를 받는다.

하지만 이러한 정서를 우리 사회에 만연한 노인 경시 풍조와 비교하면 그 차이는 충격적이다. 유교나 이슬람 문화가 노인을 각별히 공경해야 한다는 입장을 지지하는 반면, 서구사회는 제한된 관용만을 보이며 노인을 문젯거리나 부담으로 여기는 경향이 뚜렷하다.

로버트 버틀러에 따르면 이런 태도는 일상적으로 사용하는 '늙은이'란 말에서도 확인된다. 이 단어는 언제나 부정적인 느낌을 떠올리게 한다. 버틀러는 이렇게 말했다.

"자신이 나이가 들었다는 사실을 기꺼이 인정하려는 사람은 없다. 사람들은 '늙은'과 마찬가지로 '연로한'이나 '나이 지긋한' 또는 '은퇴한'이나 '노인네', '할아버지', '할머니' 같은 표현도 피하려고 한다. 그나마 '연장자'나 '황혼기'는 달콤하게 에두른 표현일 뿐이다. 그에 비하면 '구식 노인네'나 '할망구', '노파'나 '늙은이' 또는 '영감탱이'라는

표현에는 멸시가 담겨 있다. 우리는 '나이 지긋한'이나 '나이 든' 같은, 반감이 그나마 적은 단어를 골라 존경의 느낌을 담도록 복원하거나 전혀 새로운 단어로 바꿔야 한다. 장수 왕국이라 불릴 정도로 고령자가 많은 그루지야의 아브하즈 자치 공화국 사람들은 이 문제를 독특한 방식으로 해결한다. 즉 연장자를 '늙은이'라고 부르지 않고 '오래 산 사람'이라고 표현하는 것이다. 그들이 채택한 표현에는 죽음이 임박하고 있다는 의미보다 삶이 계속되고 있다는 의미가 함축되어 있다."

단어가 지닌 본래의 의미를 복원하는 것도 한 가지 방법이다. 하지만 지미 서스크(Jimmy Thirsk)처럼 개념 자체를 완전히 무시하는 것이 더 좋을 듯하다. 맞다. 나를 포함해서 노인은 신체기능도 떨어지고 죽음에 점점 가까워지고 있다는 것은 어쩔 수 없는 현실이다. 인간은 나이를 먹는다. 그러나 나무나 역사적인 건물, 바이올린이나 골동품도 나이를 먹지만 그로 인해 드러나는 고색이나 고풍스러운 풍취와 정취의 아름다움, 세월의 흔적을 보고 사람들은 경탄해마지 않는다. 이것만 봐도 '늙은' 것을 폄하하려는 경향은 '새 것' 때문에 판단력이 흐려진 문화의 특징이라는 것을 알 수 있다.

새로운 과학기술은 기민한 적응력과 더불어 젊음의 다른 속성들을 요구한다. 또한 예술적인 측면에서는 모더니즘을 불러와 전통을 폄하하고 온통 새로운 것을 반긴다. 이런 문화를 중시하는 것이 산업화 정신의 본질이다. 예컨대 정적인 것보다는 동적인 것을, 느린 것보다는 빠른 것을, 집단보다는 개인을, 전통보다는 참신한 것을 추구한다. 그 결과 나이든 구성원은 후임자와 비교했을 때 그 지위가 약화될 수밖에 없다.

사회가 전통적인 개념이라고 말하는 데는 명확한 이유가 있다. 사회란 원래부터 구성원들 간에 사교적인 관계를 목적으로 하는 건설적인 공동체이기 때문이다. 이와는 달리 사회가 주로 경제 활동을 목적으로 했다면 시장이라고 불렀을 것이다.

기계가 낳은 산업주의는 느리고 정적이며 전통적인 모든 것을 폄하한다. 민첩하고 재빠른 사고에 밀려난 과거의 관습과 풍습을 거부한다. 따라서 젊은 것을 추켜세우고 젊음이 지닌 능력과 에너지, 성적 매력과 아름다움을 기준으로 삼는다. 그리고 이 기준에 맞추어 다른 모든 것을 평가한다.

기차나 비행기, 휴대전화, 인터넷, 심지어 전자레인지까지 과학기술이 낳은 모든 새로운 발명품은 보다 빠르게 살도록 압박을 가한다. 그로 말미암아 오늘날 우리는 점점 더 바쁘게 먹는다. 일례로 맥도날드에서 식사하는 경우 주문하고 먹고 나오는 데까지 평균 12분이 걸린다고 한다. 또한 바쁘게 여행하며 급하게 요리하고 아울러 문자 메

시지를 통해 과거 어느 때보다 신속하게 연락을 주고받는다. 지혜로움이나 원숙함보다 자극적이고 성적인 매력을 더 높이 산다.

막스 베버는 《프로테스탄티즘의 윤리와 자본주의 정신》에서 심지어 이렇게까지 말하고 있다.

"시간 낭비는 원칙적으로 가장 무겁고 치명적인 죄다. …… 사교활동과 쓸데없는 잡담, 사치를 부리면서 또는 건강을 유지하는 데 필요한 시간보다 더 많이 자면서 시간을 낭비하는 행동도 도덕적인 비판을 받아 마땅하다."

✼ 나이듦에 관한 인식의 전환

노인이 더 이상 역할 모델로 대우받지 못하고 있다는 것은 의심의 여지가 없다. 사회는 노인을 포용하기는 하지만 진보와 유연성을 저하시키는 느려터지고 비용이 많이 들며 구태의연한 무거운 짐으로 간주한다. 미국에서는, 영국도 어느 정도 마찬가지지만, 젊은 세대의 독립성이 절정으로 치닫고 있다. 젊은 혈기를 대우하고 성적 매력을 칭송하며 과대 포장된 연봉이 다른 무엇보다 높이 평가되는 시대이다.

나이든 티를 어느 정도 숨기려는 사람도 분명히 있을 것이다. 그런 사람은 특히 주름이나 난청, 하얗게 쉰 머리를 숨기려고 한다. 염색약과 비아그라, 보톡스 사용을 조언하는 약국에 가보면 노인들이 나이를 감추기 위해 어떤 선택을 하고 있는지 알 수 있다.

반면 젊은이들은 자기만의 방식을 추구하고 자신만의 삶을 살며 자신만의 음악을 듣고 자신만의 인간관계를 발전시킨다. 문자 메시지를 통해 인간관계를 형성하는 일은 이미 사회현상으로 자리 잡고 있다. 젊은이들이 꼭 부모를 무시한다고 할 수는 없지만 그들의 주요 관심사는 또래와 어울리는 것이다.

이처럼 노인에게 불리한 사회적 편견이 만연함에도 불구하고 변화를 가늠케 하는 징후가 있다. 베티 프리던은 그녀의 저서 《나이의 원천(The Fountain of Age)》에서 이러한 사회적 편견을 깨고 노년에 대한 인식을 전환해야 할 필요성을 강력하게 제기하고 있다.

"겨우 최근에야 노인학을 연구하는 젊은 학자들이 어떤 문제에 의문을 품기 시작했다. 즉 인간답게 사는 데 있어서, 자식을 다 키우고 나서 노인으로 사는 긴 기간이 젊은 시절만큼 중요하지 않은가 하는 점이다. …… 우리는 노년을 왜 인생의 새롭고 진보적인 단계로 보지 않는가? 젊었다가 쇠퇴하는 것이 아니라 그 자체를 제약이 없는 발전으로 여기지 않는가? 실제로 나이에 제약을 가하는 것은 결국 우리 자신이 아닐까?"

2장

유쾌하게 나이 드는 9가지 방법

소모적인 삶의 반대 의미는 무엇인가? 시간을 죽이면서 인생을 낭비하는 또는 허비하는 쉴없고 수동적인 사람의 상대적인 의미는 무엇인가? 이것은 설명하기 매우 곤란한 문제이다. 하지만 일반적으로 말하자면 흥미를 가지고 사는 사람이라고 말하고 싶다.

— 에리히 프롬 —

긍정

열정보다 오래 사는 사람은 없다.

― 헨리 데이비드 소로

노후에 찾아오는 유쾌하지 못한 측면을 피하기 위해서는 긍정적으로 살고 낙관적인 사람들과 어울리며 진지해지려고 노력해야 한다. 그런 의미에서 자신에게 있는 어두운 면과 단점을 솔직하게 인정하는 것만큼 중요한 것도 없다. 물론 이것은 정말 훌륭한 마음가짐이지만 실천이 말처럼 쉽지는 않다.

이런 측면에서 한 인도 친구는 최근 아버지 때문에 좌절에 휩싸여 편지를 보내왔다. 그녀의 아버지는 89세였고 척추 수술을 마치고 병원에서 재활치료를 하는 중이었다. 그녀가 한탄을 늘어놓았다.

"정말 지치네요. 아버지의 요구는 끝이 없고 이기적인 데다가 때로는 노골적으로 치졸하게 행동해요. 나이가 많다는 것이 고약하게 굴어도 된다는 특권은 아니잖아요? 혹시라도 그게 특권이라면 간디는 어째서 나이가 들수록 품위 있는 사람이 된 거죠? 일반적으로 이타적이고 정이 많은 사람이 나이가 들면 더 이기적으로 변한다는데 사실인가요? 아니면 상습적으로 이기적인 사람이 나이가 들면서 더욱 이기적이 되는 건가요?"

나는 그 친구의 아버지를 만나본 것도 아니고 척추 수술과 재활치료를 해본 적도 없으므로 그런 질문에 딱히 답변을 줄 자격이 없었다. 그럼에도 용기를 내서 조언하기를 '나이는 결코 이기적인 행동에 대한 구실이 될 수 없다. 그렇지만 거의 90세에 가까운 노인이라면 근본적인 성격 개조를 하기에는 이미 늦은 나이'라고 말해주었다. 친구 역시 여기까지는 인정하고 있었던 듯 이렇게 답장을 보내왔다.

"맞아요, 나이가 들어서는 올바른 관점을 갖는 게 중요하죠. 반면 젊은 시절에는 올바른 마음가짐을 익히는 게 중요해요."

그렇다. 현명한 노인으로 남기 위한 토대를 쌓는 일은 오랜 시간이 걸리는 작업이다. 그렇다면 지금도 쌓을 수 있는 훈련을 괜히 나이들

때까지 기다릴 필요가 있을까?

　부정적인 생각이나 열등감, 절망적인 기분이 들 때마다 행복하고 즐거운 느낌으로 가슴을 채울 수 있는 방법을 찾아야 한다. 내일은 또 다른 새로운 날이자 새로운 기회이므로 감사하는 마음과 희망으로 내일을 맞아야 한다.

　악재가 끊이지 않고 질병으로 고통을 받는 것은 정말 괴로운 일이다. 하지만 그렇다고 해도 자기연민에 빠지지 않도록 주의해야 한다. "왜 하필 나야?" "내가 왜 이런 벌을 받아야 하지?" 이런 생각을 하는 것도 이해는 가지만 결국에는 아무런 도움이 되지 못한다. 그런 생각을 해본들 아무런 소용이 없는 것이다.

　어떤 어려움이 있더라도, 아무리 힘들더라도 마음을 즐겁게 해주는 좋은 것만 생각하자. 그 순간에 존재하는 축복을 즐기는 것이다. 그것은 새벽하늘에 떠오르는 5월의 태양일 수도 있고 폭우가 지나간 뒤에 김을 내뿜는 대지를 비추는 서광일 수도 있다. 슈베르트의 음악이나 베르메르의 멋진 거리 풍경화를 감상하는 기회일 수도 있다.

　베르메르가 그린 〈골목길(The Little Street)〉을 한 번 떠올려보자. 이 그림에는 별다른 것이 없다. 한 여인이 열린 문간에 앉아서 수공예에 몰두하고 있다. 통로에 있는 하녀 역시 자기 일을 하느라 바쁘다. 길가에서는 아이들이 무릎을 꿇고 놀이를 하느라 여념이 없다. 이 그림이 중요한 이유는 진정 평범한 일상생활에 존재하는 시적인 아름다움을 담아낸 시공을 초월한 작품이기 때문이다.

불교에서 집착이라고 말하는 것을 극복하는 것도 매우 중요하다. 모든 것을 선과 악으로 심판하려는 습관을 버려야 한다. 나 역시 성공하지는 못했지만 꾸준히 노력하고 있다. 그리고 긍정적인 사람이 되려고 노력하자. 살아있으므로 경험할 수 있는 경이로움과 장점을 헤아려야 한다. 삶이 얼마나 공허한지 생각하기보다 할 일을 찾아야 한다. 젊은 시절 실패한 인간관계에서 생긴 해묵은 상처를 치료해야 한다. 부정적인 태도를 갖지 않도록 조심하자. 중요한 것은 무슨 일이 일어났는지가 아니라 내가 그 일을 어떻게 생각하는가이다. 낙천적인 성격은 스스로 갖고자 노력할 때 얻을 수 있는 것이다.

스스로에게 관대해지려면 어떤 능력들은 이미 쇠퇴했다는 사실을 적당히 인정할 줄 알아야 한다. 예를 들면 기력이나 정력, 민첩성, 기억력, 재빠름 같은 능력이다. 이러한 능력은 점점 쇠퇴하고 영원히 회복되지 않는다. 한때는 이런 능력이 정점에 달한 적도 있었고 우리는 그것을 뽐내기도 했다. 하지만 이제는 다음 단계로 넘어가서 현재의 우리 처지를 인정해야 할 시점이 되었다. 노화를 부정하는 것은 지속적으로 변화하는 삶의 일부를 거부하는 것과 다름없다. 노화에 대한 두려움이 지나치면 노화 자체보다 더 해로울 수도 있다.

02 은퇴

> 노년의 진정한 승자는 은퇴에 대해 이야기할 때 흥미로운 표현을 사용한다. 그는 은퇴가 '영혼을 가꾸는 일'이라고 말한다.
> — 로렌스 더럴

우리는 은퇴를 통해 인생을 새롭게 시작하고 자기발견이나 자아실현을 위한 기회를 얻는다. 하지만 많은 사람이 준비가 불충분한 상태에서 은퇴를 맞이한다. 부쩍 늘어난 여가는 정신적인 충격을 주기에 충분하지만 이를 극복할 수 있는 사전 지식이나 경험도 부족하다.

일반적으로 사람들은 은퇴만 하면 이전까지 놓치고 있던 모든 걸

되찾을 수 있다고 생각한다. 여가도 그 중에 하나이며 시간적 여유나 모험, 마음의 평화, 황홀감도 여기에 포함된다. 우리는 마음속에 이러한 희망을 품고 크루즈 여행을 하거나 아주 먼 외국까지 단체 관광을 하기도 한다. 그곳은 페루나 이탈리아의 카프리가 될 수도 있고, 아프리카의 나이저 강을 따라 통북투에 이르는 지역이 될 수도 있으며, 모로코의 마라케시나 아틀라스 산맥이 될 수도 있다. 하지만 은퇴 초기의 이러한 크루즈 여행이나 모험은 따분한 2월 한 달 동안 다채로운 흥미와 즐거움, 자극을 줄 수는 있지만 일시적인 여흥일 뿐이라는 사실을 알아야 한다.

16일 간 남아프리카 여행을 하고 주말마다 골프를 치거나 텔레비전을 보기도 하고 밤마다 술을 한 잔씩 하거나 신문을 이 잡듯 뒤지면서 시간을 보내도 한 주가 너무나 길게만 느껴진다. 더구나 여생을 통틀어 남아있는 수만 시간을 대체 어떻게 보내야할지 생각하면 막막하기만 하다. 특별히 하는 일 없이 단순히 빈둥거리며 보내기에는 너무나 긴 시간이다.

가치 있는 일 예컨대 의욕적으로 관심을 가지고 추구할만한 일을 가진 사람은 운이 좋은 사람이다. 그런 사람은 전념할 수 있는 일이 있고 목적하는 바가 있으며 "이제 뭘 하지?"라고 고민할 필요도 없다. 지대한 관심이나 열정을 가지고 무엇인가를 추구할 때 성취감도

따라오는 법이다. 그 대상은 단순히 일시적인 것 그 이상이어야 하지만 사람들이 꼭 알아주거나 공감하는 것일 필요는 없다. 어떤 사람은 그런 대상을 쉽게 발견할 수도 있다. 하지만 어떤 사람에게는 자신의 진정한 존재 목적까지 깊이 성찰해볼 필요가 있는 심오한 작업이 될 수도 있다.

유익하거나 흥미롭고 즐거운 일은 아래 소개하는 독특한 사례처럼 뜻밖의 형태로 우리를 찾아오기도 한다. 프랑스 드롬 지방에 속한 오트리브 마을의 시골 우편배달부 페르디낭 슈발(1836~1924)은 상상 속에서나 가능할 것 같은 가장 이색적이고 감동적이며 매우 특별한 건축물을 지었다. 슈발이 어떻게 그런 건축물을 짓게 되었는지 그의 이야기를 여기에 소개한다.

✿ ✿ ✿

시골 우편배달부인 나는 다른 27,000명의 동료들이 그랬던 것처럼 매일같이 걸어야 했습니다. 오트리브와 테르산느 사이를 왕복했는데 그곳에는 한때 바다였던 흔적이 고스란히 남아 있었어요. 겨울에는 눈이 쌓인 빙판길을 걸었고 여름에는 꽃이 만발한 길을 걸었답니다. 똑같은 길을 끝없이 걸어야 하는 사람이 꿈꾸는 것 말고는 무슨 할 일이 있겠어요? 나는 평범한 한 사람이 발휘할 수 있는 모든 재능을 쥐어짜서 꿈속에다 상상 가능한 대저택을 지었답니다. 거기에는 탑과 성곽도 있고 박물관과 동상도 있었지요. 그 아름답고 생생한 그림을 족히 10년은 넘게 마음속에 간직했어요.

  내가 이 꿈을 까맣게 잊어버리다시피 했을 때 다시 떠올리게 만든 계기가 있었답니다. 길을 가다가 무언가가 발에 채이면서 거의 넘어질 뻔했어요. 나는 발에 채인 게 뭔지 살펴봤지요. 정말 신기하게 생긴 돌멩이가 있더군요. 나는 시간 날 때 보려고 그 돌멩이를 주머니에 넣어두었어요. 그런데 다음날 같은 장소를 지나다가 비슷한 돌멩이를 몇 개 더 발견했어요. 전날 발견한 것보다 더 예쁘장한 것들이었지요. 나는 즉시 그것들을 한쪽으로 잘 모아두었습니다. 흡족한 기분이 들었지요. 나중에는 근처 계곡과 산비탈은 물론이고 불모지와 아주 외진 곳까지 탐색했답니다. 물이 증발해서 굳어진 석회암도 발견했는데 정말 멋졌어요.

  그렇게 내 시련과 고초의 시간이 시작되었지요. 돌멩이를 담기 위해서 바구니를 몇 개씩이나 들고 다녔어요. 이전까지 우편배달을 하면서 하루에 30킬로미터를 걸었다면 이제는 추가로 10킬로미터를 더 걸어야 했지요. 그것도 등에는 돌멩이로 가득한 바구니를 메고서 말이죠. 각각의 마을마다 독특한 경질석이 있었습니다. 시골길을 다

니면서 그런 돌을 발견하면 한쪽에 모아두었다가 저녁에 외바퀴 손수레를 끌고 가서 가져왔지요. 돌무더기를 쌓아둔 곳이 집에서 4~5킬로미터 떨어진 경우도 있지만 10킬로미터씩 되는 경우도 있었어요. 때로는 새벽 2시나 3시에 출발하기도 했지요.

❁ ❁ ❁

슈발은 33년에 걸쳐서 혼자 그 건축물을 완성할 정도로 집념을 발휘했다. 그런 사람은 은퇴를 고민할 필요도 없거니와 굳이 페루로 크루즈 여행을 갈 필요도 없을 것이다.

노후에 몰두할만한 일을 찾아 행동으로 옮긴 또 다른 사례로는 알프레드 월리스(1855~1942)를 꼽을 수 있다. 월리스는 콘월 지방에 은둔해서 살던 반문맹의 넝마장수였는데 아내가 죽자 70세의 나이에 '이야기 상대'로 그림을 선택했다. 그림에 관한 교육을 받은 적이 전무했지만 시골 잡화점에서 얻어오는 어중간한 형태의 마분지 조각에다가 계속해서 그림을 그렸다. 월리스는 고집스러울 정도로 선박용 페인트만을 사용했는데 그가 잘 이해하는 재료였기 때문이다. 그는 바다와 보트, 세인트 아이브스의 경치를 주로 그렸다. 바다와 보트는 젊은 시절 대서양에서 어부로 일할 때 익숙했던 풍경이었고 세인트 아이브스는 자신이 거주하던 곳이었다.

　화가인 크리스토퍼 우드(Christopher Wood)와 벤 니컬슨(Ben Nicholson)은 월리스가 그린 그림의 가치를 알아보았고 그의 작품으로부터 많은 영향을 받았다. 하지만 정작 월리스는 자신의 작품을 가게 입구에 걸어두고 단돈 몇 푼에 팔았다. 월리스는 작업실에서 87세의 나이로 사망했고 빈민들이 묻히는 공동묘지에 묻혔다. 하지만 오늘날에는 20세기 들어서 가장 위대한 원초주의 화가 중 한명으로 인정받고 있으며, 그의 작품은 세인트 아이브스에 있는 테이트 미술관에 전시되어 있다.

　우리 모두는 자기만의 재능을 가지고 태어난다. 그리고 우리가 인식하든 못하든 그 재능을 지니고 살다가 그 재능과 함께 죽을 것이다. 내 생각에 삶의 목적 중 하나는 이러한 능력을 발견하고 발휘하여 꽃을 피우는 것이다. 에리히 프롬은 말했다.

　"소모적인 삶의 반대 의미는 무엇인가? 시간을 죽이면서 인생을 낭비하는 또는 허비하는 실없고 수동적인 사람의 상대적인 의미는 무엇인가? 이것은 설명하기 매우 곤란한 문제이다. 하지만 일반적으로 말하자면 흥미를 가지고 사는 사람이라고 말하고 싶다."

스트레스

> 우리는 이미 미래에 대한 통계 자료를 가지고 있다. 그 자료는 환경오염과 인구 과잉, 지속적인 사막화 등을 보여준다. 우리는 진작부터 미래를 살고 있었다.
> ─ 귄터 그라스

어떤 상황이 특정한 사람에게 스트레스를 준다고 다른 사람에게도 똑같이 스트레스를 주는 것은 아니다. 하지만 누구에게나 과도한 스트레스가 해롭기는 마찬가지이다. 이러한 스트레스는 자녀들의 요구나 금전 문제, 건강이나 감정 문제 등이 단지 불편한 정도를 넘어서 참기 어려운 지경으로 치달을 때 발생한다. 어떤 일에서 비롯되는 압박감이 단순히 감당할 수 있는 한계를 벗어날 때 우리는 고통을 겪는다. 물론 어느 정도의 스트레스는 감수할 필요도 있다. 그리고 이런 문제들은 언젠가는 지나가기 마련이다.

게다가 우리의 평정심을 좀먹는 것이 항상 이런 개인적인 문제만은 아니다. 비인간성과 경쟁 심리, 개인주의와 광적으로 흘러가는 이 시대의 삶 또한 스트레스를 유발하고 다른 감정적인 문제를 낳는다. 20년이나 40년 전과 비교했을 때 오늘날에 들어서 우울증이 심각하게 증가한 것으로 나타난다. 자살률과 이혼율 역시 1950년 이후로 계속 증가했다.

사회는 불안을 조장하는 비정상적인 수치들을 양산한다. 일간 신문이나 인터넷, 라디오와 텔레비전은 기껏해야 세상을 어지럽히는 자연 재해나 인재 같은 불행한 사건에 관심을 보일 뿐이다.

전쟁이나 기근, 가뭄, 전염병, 홍수, 지진이나 화산 폭발, 빙하 감소나 지구 온난화, 각종 중독, 인구 과잉, 아동 성폭력, 메뚜기 떼의 습격 등 자극적인 이야기가 머리기사를 장식한다. 이런 기사가 주는 이점이란 우리가 박애주의에 대한 믿음을 되찾고 도움이 절실한 세상 사람들에게 구원의 손길을 뻗쳐서 아량을 베풀게 한다는 점이다. 그렇지만 어떤 사람들은 사회가 좋은 소식은 제쳐놓고 비극적인 뉴스

에만 집중함으로써 개인적인 우울함과 불안감을 조장한다고 생각한다. 적당한 스트레스에 노출되는 경우 스트레스는 경고나 자극 또는 도전의식으로 작용한다. 하지만 과도한 스트레스는 노화를 촉진할 뿐이다.

스트레스에 대한 한 가지 해결책은, 혹시라도 그런 해결책이 존재한다면, 매사에 느긋하게 반응하고자 꾸준히 그리고 의식적으로 노력하는 것이다. 예컨대 애완동물을 기르고 시간이 날 때마다 명상이나 요가를 하는 것도 방법이다. 생체 자기제어 훈련을 받거나 한가로이 배를 타고 삼림욕을 하거나 아름다운 음악을 듣는 것도 스트레스를 완화시키는 효과적인 방법이다.

아름다움은 일상적인 생활 속에서 발견할 수 있는 가장 놀라운 치료사 중 하나이다. 게다가 언제든 찾을 수 있고 비용도 들지 않는다. 창조성은 인생의 모든 측면을 활성화시키고 인간은 이러한 창조성을 추구할 때 평온함을 얻는다.

아름다움이 언제나 영혼을 살찌우는 데 반해 추한 것은 애정 결핍을 야기하며 영혼을 오염시킨다. 우리는 추한 것을 볼 때 고무적인 감정보다는 우울함을 느끼며 병이 든다. 따라서 메뚜기 떼를 피해야 하는 것처럼 추한 것도 피해야 한다.

04

죄의식

우리가 죄의식을 느낄 때 옹졸한 생각에 빠지고 저급한 사고가 우리를 지배한다.

— 데이비드 케슬러

어린 아이의 눈을 들여다보면 삶으로 지친 기색이 없다. 세상을 향한 냉소나 적의도 없다. 사물을 엄격한 기준으로 판단할 수 있는 마땅한 잣대가 없기 때문이다. 따라서 원한을 맺을 일도 없으며 대부분의 경우에 두려움이나 죄의식 같이 부정적인 요소로 뒤틀린 삶을 살지도 않는다.

그런 어린 시절에 생긴 죄의식은 특히 마음의 병이 되어 심각하게 정신을 갉아먹는데 치료도 매우 까다롭다. 데이비드 케슬러 박사에 따르면 이러한 죄의식은 개인적인 약점과 수치심을 파고들기 때문에 스스로를 용서하는 것도 불가능하다고 한다.

"우리가 죄의식을 느낄 때 옹졸한 생각에 빠지고 저급한 사고가 우리를 지배한다."

사람들은 누구나 크고 작은 죄의식을 갖고 있기 마련이다. 마음 깊이 감추어둔 죄의식을 이제 밝은 곳으로 꺼내 놓아야 한다.

자신이 지닌 죄의식을 다른 사람에게 말해보자. 죄를 고백하고 스스로를 용서하자. 내가 해야 할 일에 나를 맞추려 하지 말고 진정한 내 모습대로 세상을 살아야 한다. 본연의 나를 숨기지 말고 스스로를 과장하지 말고 비하하지도 말자.

05

두려움

> 두려움은 사랑이나 진솔한 감정, 행복, 진정한 본연의 모습 등 모든 것을 가리는 그림자다.
>
> — 엘리자베스 퀴블러 로스

두려움은 심각한 위험으로부터 우리를 지켜주는 유용한 경보 체계이다. 그렇지만 두려움이 낳는 불안이나 패배감은 우리를 지나칠 정도로 의기소침하게 만든다. 엘리자베스 퀴블러 로스는 두려움에 대해 이렇게 경고했다.

"두려움은 사랑이나 진솔한 감정, 행복, 진정한 본연의 모습 등 모

든 것을 가리는 그림자다."

현실적으로야 얼마든지 가능하지만 그래도 반드시 내 집에 화재가 나라는 법은 없다. 또한 내가 탄 비행기가 꼭 추락하라는 법도 없다. 하지만 죽음은 누구도 피해갈 수 없다. 그리고 십중팔구 모든 두려움은 죽음에 대한 공포에 그 근원을 두고 있다.

그렇다면 무엇을 어떻게 해야 할까? 죽음이 주는 두려움에 맞서기 위해서는 그것을 극복하고 정복하는 수밖에 없다. 이에 대해 엘리자베스 퀴블러 로스는 이렇게 썼다.

"두려움을 극복하려면 다른 감정에 몰입해야 한다. 사랑을 하는 것도 한 가지 방법이다. …… 스스로를 사랑으로 채우면 두려움이 빠져나가기 시작한다. …… 당신이 두려워하는 작은 것부터 실천하는 연습을 하라. 두려움은 당신이 감히 도전해볼 용기조차 내지 못할 때 비로소 막강한 힘을 과시한다. 사랑과 애정의 힘을 발휘해서 두려움을 극복해야 한다. …… 불행한 인생을 만드는 주범은 우리가 두려워하는 대상이 아니라 두려움 그 자체이다."

06

노여움

> 무슨 일이든 참을 수 있는 사람은 무슨 일이든 실행할 수 있다.
> — 보르나르그

노여움은 사소한 짜증부터 맹렬한 분노에 이르기까지 종류가 다양하다. 또한 일시적으로 성가신 일이나 모욕, 부당함에 대해서는 노여움이 상식적이고 건강에도 이로운 유익한 반응이 되기도 한다. 비인간적인 경제논리가 지배하는 우리 사회는 짜증을 유발하는 경우가 많이 있다. 수화기를 들고 전화번호를 누르고 있다고 가정해보자. 곧이어 개인정보를 보호하기 위한 까다로운 절차가 등장하고 성실한

답변을 요구한다. 그것이 끝나면 몇 번이고 반복되는 비발디의 사계를 참아야 하고 수시로 공허한 인사말을 들어야 한다. 물론 노여움이 무례나 업신여김, 모욕이나 자존심을 긁는 것처럼 훨씬 심각한 원인에서 비롯되는 경우도 있다. 일단 분노가 폭발하면 그로 인해서 인간관계가 훼손되거나 화를 낸 당사자가 상처를 입기도 하며 심지어 타인에게 폭력을 행사하는 경우도 발생할 수 있다.

  화만 내서는 아무것도 해결할 수 없을뿐더러 좋지 못한 상황을 더 악화시킬 수 있다는 점을 명심하자. 화를 내면 일시적으로 활기와 위안을 얻을 수 있을지도 모른다. 그리고 아드레날린의 분출을 경험하는 것은 그 자체로도 커다란 유혹이다. 하지만 그런 것 따위에 휘둘리지 않고 침묵을 유지하는 것이 일반적으로는 보다 현명한 선택이다. 물론 화를 계속해서 담아두기만 하는 것도 심리학적으로 해로운 일이다. 가끔은 화를 터뜨려서 마음을 다스리는 것이 안전밸브 역할을 할 수 있다. 하지만 자신이나 남을 비난하고 유머를 잃고 신경질을 내거나 성마르게 행동하는 경우가 빈번하다면 다른 사람의 도움이나 조언이 필요하다. 자기 안에 있는 이러한 특징을 인식하기란 쉬운 일이 아니다. 다른 사람들이 당신을 어떻게 이야기하고 있는지에 대해 귀를 기울이자. 또한 자기합리화라는 두꺼운 방패와, 기필코 이겨야 한다는 투지 뒤에 숨으려고도 하지 말자.

07

돈

재물은 생활을 위한 방편일 뿐 그 자체가 목적이 될 수는 없다.
— 칸트

노년에는 다양한 요소가 삶의 질을 높여주거나 저하시킨다고 알려져 있다. 그중에서도 건강 상태와 수입 정도는 어쩌면 가장 중요한 요소일 것이다. 하지만 사람과 문화, 가문에 따른 다양성을 고려하면 딱 잘라서 결론을 내리기는 궁극적으로 불가능하다. 그럼에도 어떤 사람은 충분한 돈을 저축했거나 연금이 많아서 부족함 없이 살기도 하지만 거의 모든 사람이 그렇지는 못하다. 은퇴 후에는 그전까지 지

출하던 것보다 훨씬 적은 돈으로 살아야 하는 사람도 있다. 그들은 주어진 상황에서 줄어든 수입에 맞춰 살아야 하며 심지어는 유지비용이 보다 적게 드는 집으로 이사해야 하는 경우도 발생한다.

이런 상황을 재앙으로 받아들인다면 그것은 잘못이다. 관련 자료에 따르면, 물질적인 풍요가 어느 정도의 수준에 다다르면 그 이후부터의 행복은 재산의 증식과 비례해서 커지지 않는다고 한다. 자신이 행복하지 않다고 말하는 부자들이 얼마든지 있다. 반대로 행복하다고 말하는 가난한 사람도 부지기수이다. 주관적인 만족도가 반드시 객관적인 여건과 일치하는 것은 아니다.

❀ ❀ ❀

부자로 죽는 것은 아무 소용없는 일이다.
— 사무엘 존슨

08

깨달음

만일 우리에게 겨울이 없다면 봄은 그토록 즐겁지 않을 것이다. 우리들이 이따금 역경을 맛보지 않는다면 성공은 그토록 환영 받지 못할 것이다.

— 앤 브래드스트리트

깨달음은 나이들어가는 과정에서 다양한 차이를 만든다. 지구상에는 수백만 종의 생물이 존재하며 똑같이 노화를 겪는다. 하지만 자신에게 일어나는 변화를 인지하는 것은 고등생물 중에서도 단지 몇몇 종에 불과한 것 같다. 그리고 그들은 이를테면 이 세상에 존재

하지 않는 존재가 되는 것을 이해한다.

아프리카 코끼리는 동족 중 누군가가 죽음을 맞이하면 장엄하고 감동적인 방식으로 그의 죽음을 애도한다. 코끼리 일가족은 며칠간 죽은 코끼리 주위를 지키면서 코로 사체를 어루만지다가 낙엽과 나뭇가지로 덮어준다.

인간의 경우에는 나이가 들면서 죽어가고 있다는 절망감이 노화를 촉진하는 것으로 보인다. 대자연 속에서 우아하게 진행되는 생명의 순환을 이해해야만 신체적으로나 정신적으로 비극적인 경험을 피할 수 있다. "당신은 스스로 늙었다고 생각하는 만큼 늙은 것이다."라는 말은 심오한 진실을 담고 있다.

소비적인 사회

09

세상에서 가장 무서운 것은 가난도 걱정도 병도 아니다.
그것은 생에 대한 권태이다.

― 마키아벨리

우리는 대중적이고 소비적인 다소 특이한 사회 속에서 살고 있다. 그리고 그 사회는 높은 수준의 안락함과 소득, '여가활동' 같은 혜택을 제공하면서 많은 대가를 요구한다. 많은 사람이 직장에서 일을 하지만 작가 스터즈 터켈(Studs Terkel)의 표현을 빌리자면, 직장은 "인간의 정신을 포용하기에는 너무나 좁은 곳이다."

심리학자인 에리히 프롬은 이런 현상이 사람들에게 끼친 영향에 대해 이렇게 말한다.

"오늘날 보통 사람이라면 상당한 재미와 즐거움을 누리며 살고 있다. 하지만 이러한 사실에도 불구하고 그들은 근본적으로 의기소침해 있다. 아마도 '의기소침'이란 말 대신에 '권태'를 넣는다면 문제가 무엇인지 보다 확실해질 것이다. 사실 이 두 단어는 정도의 차이가 있을 뿐 거의 같은 말이다. 권태란 바로 생산적인 능력과 살아있다는 느낌이 마비되는 상태를 경험하는 것이기 때문이다. 삶의 곳곳에 도사리고 있는 해악 가운데 권태만큼 고통스러운 것도 없다. 따라서 권태를 피하기 위해 온갖 시도가 이루어진다."

오늘날의 사회가 제공하는 화려하고 소비적인 삶을 포기하고, 대신 소박하고 스트레스가 적은 인생을 사는 데는 많은 장점이 존재한다. 적게 소유하는 대신에 창조적인 활동을 하면서 더 많은 시간을 할애할 수도 있고 늘어난 여유시간 자체를 즐길 수도 있기 때문이다. 나는 전에 발간한 《언제나 소박하게 : 소비 사회에서 창조적으로 살아가는 법》이라는 책에서 이러한 문제들을 좀 더 깊이 있게 다루었다.

3장

멋지게
나이 드는 기술

이 장에서 나는 노화의 진행을 완화할 수 있는 몇 가지 아이디어를 제시했다. 하지만 우리보다 앞서 살아간 수많은 사람들처럼 당신도 어느 날 문득 늙게 될 것이다. 그리고 병들고 쇠약해진 자신을 발견할 것이다. 영양이 풍부한 음식을 먹고 규칙적으로 운동을 하는 습관은 분명 우리를 건강하게 살도록 도와줄 수 있다. 하지만 노화는 결코 피할 수 없으며 우리는 이 자연스러운 과정을 최대한 활용하려고 노력해야 한다. 살아 있는 한은 나이가 들기 마련이기 때문이다.

01 건강하게 사는 법

> 늙는 법을 아는 것은 지혜의 최고 경지이자 인생을 사는 데 필요한 고급 기술 중에서도 가장 난해한 화두 가운데 하나이다.
> ― 앙리 아미엘

우리는 본질적으로 노화로부터 완전히 해방될 수 없다. 아무리 비타민을 챙겨먹고 주름 제거용 크림을 발라도 나이가 드는 것을 피해가지는 못한다. 하지만 마음가짐과 몸가짐을 바꾸면 노화로 인한 질환 중 일부는 충분히 극복할 수 있다. 그러한 측면에서 다음에 소개되는 내용은 전혀 새롭지는 않지만 살펴볼만한 가치가 충분하다.

의학적인 관점으로만 따진다면 여기에서 수명 연장에 관한 비법을 논한다는 것은 무리가 있다. 그렇지만 다양한 연구를 통해서 수명을 최대한 연장할 수 있는 방법들이 소개되고 있다. 1930년대에 모리스 어니스트는 《장수하는 법(The Longer Life)》이란 책을 집필하면서 유럽 전역에 걸쳐 고대부터 100세 이상 장수한 사람들의 일대기를 조사했다. 어니스트는 일상적인 규칙 몇 가지만 실천하면 100세는 물론이고 120세까지도 수명을 연장할 수 있다고 결론지었다. 그가 제시했던 규칙을 여기에 소개한다.

- 식사는 검소하게 할 것
- 적당히 몸을 움직이고 신선한 공기를 마실 것
- 적성에 맞는 일을 선택할 것
- 마음가짐을 차분하고 느긋하게 할 것
- 개인위생을 철저히 할 것
- 술은 건강에 도움이 될 정도로만 적당히 마실 것
- 자극제나 진정제의 사용을 절제할 것
- 휴식은 충분히 취할 것

- 배변은 하루에 한 번 규칙적으로 할 것
- 따뜻하게 생활할 것
- 적당한 성생활을 즐길 것
- 몸이 아픈 경우 적절한 치료를 받을 것

위에 열거된 정보를 얻는 데 도움을 주기도 한 디팍 초프라(Deepak Chopra) 박사는 이러한 규칙을 15세기 베니스 귀족 루이지 코르나로의 이야기에 적용해서 살을 붙였다. 노인학 분야에서 유명 인사에 속하는 이 베니스 귀족은 젊은 시절을 소란스럽고 방탕하게 보냈다. 하지만 이후에는 건전한 생활을 하면서 100세까지 살겠다고 결심했다. "그는 보란 듯이 성공했습니다. 보통 사람이 35세까지만 살아도 운이 좋다고 여겨지던 시대에 코르나로는 103세까지 살았습니다. 게다가 마지막까지 활동적이고 정신도 맑았지요. 이처럼 장수하기 위해 그가 선택한 방법은 술을 절제하고 부족한 듯 먹는 것이었습니다."

그는 기본적으로 빵과 고기, 계란 수프를 먹었는데 이것은 절제된 식사가 장수의 비결이라는 고대 그리스와 로마의 개념에 따른 것이었다. 코르나로는 자신의 저서 《절제된 삶에 관한 담론(Discourses on the Temperate Life)》에서, 노년의 삶이 따분하다는 일반적인 믿음과는 반대로 "나는 노년에 이르러서야 비로소 세상이 정말 아름답다는 사실을 깨달았습니다."라고 말했다.

일본인 5,820명에 대한 주목할 만한 연구는 보다 확실한 안내서 역할을 한다. 1965년 당시 그들의 평균 연령이 54세였고 이후로 지금까지 살아남은 사람은 85세에서 105세에 이른다. 이 연구를 통해서 이미 언급된 장수와 관련한 많은 요소들을 재확인했고 건강한 노후를 위해 필요한 6가지 중요한 지침을 발견했다.

1. 금연을 하고
2. 하루에 두 잔 이상의 술은 금하고
3. 정상적인 혈압을 유지하고
4. 정상적인 혈당을 유지하고
5. 과체중이 되지 않도록 조심하고
6. 적당한 근력을 유지할 것

예컨대 담배를 피우지 않고 기력을 유지하며 날씬하고, 절제된 음주 습관과 정상적인 혈압, 혈당을 갖고 있는 사람이 진정 건강한 사람이라는 뜻이다. 운동은 건강을 유지하는 매우 중요한 방법이다.

음식과 운동
그리고 휴식

가장 훌륭한 습관을 선택하라.
습관은 인생을 즐겁게 할 것이다.
― 에픽테토스

특정한 건강기능식품을 포함한 균형 잡힌 식단과 적당한 운동은 건강을 유지하고, 따라서 폭 넓은 삶을 사는 데 결정적으로 중요한 역할을 한다는 데는 의심의 여지가 없다. 그중에서도 걷기가 매우 중요하지만 요가나 필라테스, 태극권 등 기본적으로 몸을 움직이는 활동 역시 효과가 좋고 특히 나이든 사람에게 적당하다. 하지만 이러한 주제에 대해서 올바른 판단을 내리기 위해서는 앤드류 웨일이 지은 《건강한 식생활 : 육체적, 정신적 건강을 위한 평생의 안내서(Healthy Eating : A Lifelong Guide to your Physical and Spiritual Well–Being)》 같은 책을 참조할 필요가 있다.

음식과 운동 못지않게 중요한 것이 바로 숙면이다. 일상적으로 낮잠을 즐기는 사람은 그렇지 않은 사람보다 정신적으로 좀 더 건강한 삶을 누린다.

오늘날을 살아가는 '원시' 부족을 포함해서 옛날 사람들은 이를테면 그 모든 노동절약 장치에도 불구하고 현대인보다 명백히 더 많은 여가와 휴식을 즐겼다는 사실을 명심해야 한다. 그들은 기분 전환을 위해서 음악을 만들거나 스스로를 치장하고 군무를 추거나 조상에 관한 이야기를 하는 모든 행동을 중요하게 생각했다.

반대로 오늘날에는 여행이나 고용 또는 해고, 존재론적 불안, 기타 유사한 것에서 비롯된 긴장감이 심각한 수준으로 스트레스를 야기하고 있다.

03

유머

우리는 행복하기 때문에 웃는 것이 아니고,
웃기 때문에 행복하다.
— 윌리엄 제임스

유머는 누구나 탐내는 가치 있는 재능이다. 우리는 유머를 통해서 자아라는 비좁은 감옥에서 벗어날 수 있다. 또한 원활한 인간관계를 유지할 수도 있고 행사나 대화를 매끄럽게 이끌어갈 수도 있다.
웃는 것 역시 신체 기능을 향상시킨다. 과학자들은 연구를 통해 웃음이 스트레스를 감소시키고 기분을 좋게 만드는 물질이라고 알려진 엔돌핀의 생성을 촉진한다는 사실을 밝혀냈다.

캘리포니아 로마린다 대학의 최근 연구결과에 따르면 웃음이 우리 몸에서 일으키는 신진대사의 변화는 한바탕 격렬한 운동을 했을 때와 동일하다고 한다. 꾸준히 웃다 보면 혈압이 낮아지고 면역 기능이 활발해진다는 주장도 있다. 물론 일상생활을 하려면 진지함이 반드시 필요하다. 하지만 정말 중요한 사안에 대해서만 진지해질 필요가 있다. 그다지 중요하지 않은 사안에 대해서는 가볍게 대할 수 있어야 한다. 가능하면 언제든 웃으려고 노력하자. 죽음 같이 우울한 주제를 다룰 때조차 유머는 중요한 가치를 지닌다.

의심의 여지없이 공인된 세계 최장수 기록을 보유한 사람이 자신의 장수 비결을 유머감각으로 꼽았다는 사실은 매우 흥미롭다. 잔느 칼망이란 이름을 가진 이 프랑스 여인은 122세의 나이로 숨을 거뒀다. 그녀는 110세까지 줄곧 담배를 피웠다!

✿ ✿ ✿

유머는 성공의 시작이고, 웃음은 행복의 시작이다.

— 작자 미상

삶에 대한 서찰

04

> 우리는 오래 살기 위해서가 아니라
> 옳게 살기 위해서 노력해야 한다.
> ― 세네카

자신의 삶을 되돌아보고 지나간 문제나 인간관계, 계획이나 성패를 평가하려는 욕구처럼 유익한 것도 없다. 특히 노년에 이르면 이러한 욕구는 더욱 간절해진다. 이러한 욕구를 충족시키기 위해 일기를 쓸 수도 있다. 그 일기는 날마다 한 일을 기록하기보다는 내적인 삶에 대한 정직한 성찰이 되어야 한다. 현재 자신에게 일어나는 일에 대한 생각이나 희망, 야망, 마음가짐, 반응 등을 적는다.

스스로에게 질문을 던져보자.

- 나는 불가피한 육체적, 정신적 퇴보와 직면하여 어떻게 대처하고 있는가?
- 나보다 더 젊고 힘이 넘치지만 경험이 미숙해 보이는 사람들이 내게 족쇄를 채우는 것에 대해서 어떻게 반응하고 있는가?
- 이제는 일선에서 물러나 모든 결정권을 넘겨줘야 할 때가 아닐까?
- 노년에 이르러 지금까지의 내가 아닌 또 다른 나로 살기 위해서 어디까지 노력해야 할까?
- 도대체 나는 시간을 현명하게 활용하고 있는 것일까?
- 나를 위한 시간과 타인을 위한 시간을 조화롭게 배분하고 있는가?
- 내가 본질적으로 가장 중요하게 생각하는 요소는 무엇일까?
- 내 삶에서 특히 즐거움을 제공하는 요소가 무엇이고, 나는 그 요소에 대해 충분한 관심을 기울이고 있는가?

05

성생활과 섹스

육욕을 모르는 동물은 없지만,
이것을 순화하는 것은 인간뿐이다.
— 괴테

중국 의학에서는 오래전부터 건강과 장수, 영성에 대해 이야기할 때 성생활의 중요성을 강조해 왔다. 하지만 많은 노인들이 나이가 들면서 성행위의 빈도가 뚝 떨어지는 것을 경험한다. 애정 표현이나 애무, 자위에 대한 욕구가 완전히 사라지는 것도 물론 아니고 예외가 존재하기도 하지만 나이가 들수록 성행위는 관심 밖으로 밀려나기 마련이다. 옛날이 그립지 않을까? 당연히 성적 쾌감이 주는 짜릿한 흥분이 아쉽기는 하지만 젊은 시절 한창 때 만큼은 아니다.

 반면 나이가 들고 육체적 희열이 관능적인 매력을 잃어가면서 영적인 기쁨이 갖는 매력은 더욱 늘어난다. 내 경우에는 특히 우정과 대자연, 예술과 독자적인 창조성이 나를 즐겁게 해주었다. 물론 다른 사람도 분명 나처럼 자신만의 매력적인 탐험 대상을 가지고 있을 것이다.

❁ ❁ ❁

> 우리의 내부에는 늘 두 가지 소리가 있다.
> 마음에서 나오는 소리와 육체에서 나오는 소리.
> 육체의 소리는 쾌락을 찾고
> 마음의 소리는 의무를 찾는다.
> 육체의 소리는 물체를 탐하고
> 마음의 소리는 맑고 깨끗한 것을 원한다.
> 육체의 소리는 악의 뒷골목으로 가자고 하고
> 마음의 소리는 밝은 큰 길로 가자고 한다.
> ― 루소

06

목표

가고 있는 목적지를 알기 전에는 한 걸음도 간 것이 아니다.
— 괴테

의미가 없는 인생은 공허하다. 하지만 의미란 스스로 찾아야 하는 것이다. 자신의 삶이 어떤 의미를 갖는지 아는 것은 다른 누구를 위한 일도 아니다. 삶이 의미를 갖기 위해서는 목표가 필요하다. 그리고 그 목표는 반드시 자신의 것이어야 한다. 대중매체나 광고, 상업주의 문화가 낳은 무분별한 소비 지상주의에 입각한 통속적인 의견에 휘둘려서 만들어지고 결정한 목표가 돼서는 안 된다는 뜻이다.

시간을 가지고 꼼꼼히 알아본 다음에 인생의 목표를 설정해야 한다. 나약함이나 역경에 굴하지 말고 궁극적인 질문에 대한 해답으로 이끌어주는 황금열쇠를 찾아야 한다. 당신의 존재가 갖는 역할과 목표는 무엇인가? 이 질문에 대한 답을 구하는 것이다.

마침내 자신에게 주어진 사명감을 발견하고 그것에 헌신할 때 인생은 보다 충만해질 것이다. 철학자 니체는 목표의 중요성을 강조하면서 이렇게 말했다.

"무엇을 위해서 왜 살아야 하는지 아는 사람이라면 어떤 역경이든 이겨낼 수 있다."

인생의 목표는 살아갈 동기를 제공하고 보다 많은 활력과 의미를 준다. 이에 대해서 80세의 미국 화가 로버트 머더웰은 이렇게 말한다.

"창조성의 경이로운 특징 가운데 하나는 자신이 하고 있는 일에 절대 만족하지 못한다는 점이다. …… 작품 활동을 그만두는 것은 내게 인생에서 은퇴한다는 의미가 될 것이다."

역시 화가인 데이비드 호크니는 73세에 이르러 전에 없이 바쁜 삶을 산다. 현재 일생일대의 야심찬 전시회를 준비하고 있는 호크니는 10년 전보다 훨씬 활기찬 생활을 하고 있다고 말한다.

"나는 계단을 항상 뛰어다닙니다. 특히 담배가 필요한 경우에는 더더욱 그렇죠."

아우슈비츠 유대인 강제 수용소에서 살아남은 빅터 프랭클은 여기에 이렇게 덧붙였다.

"삶의 의미나 목표, 목적도 없는 그래서 지향하는 바도 없이 살아가는 사람에게 고난이 있을지어다. 그런 사람은 곧 길을 잃기 마련이다. 그런 사람에게는 모든 고무적인 논쟁을 거부하기 위한 전형적인 핑계가 있다. '나는 인생에서 더 이상 기대할 만한 것이 없어.'라는 것이다. 그렇게 말하는 사람에게 무슨 말을 해줄 수 있겠는가?"

20세기 최고의 작가라고 할 수 있는 마르셀 프루스트(1871~1922)는 평생을 병마에 시달렸지만 죽기 전에 자신의 16권짜리 소설《잃어버린 시간을 찾아서》를 완성하기 위해서 사투를 벌였다. 그 소설을 끝내기까지는 10년이 걸렸다. 프루스트의 전기 작가인 장 이브 타디에에 따르면 1922년 봄이 되자 프루스트는 초췌한 가운데에도 미소 띤 얼굴로 가정부인 셀레스트를 불러 이렇게 말했다고 한다.

"중대한 뉴스가 있어요. 마침내 오늘밤 '끝'이란 단어를 썼답니다. 이제 마음 편히 죽을 수 있겠어요."

그리고 정말 몇 달 후에 그는 숨을 거두었다.

07

재충전

마음이 유쾌하면 종일 걸을 수 있고
괴로움이 있으면 십리 길도 금방 지친다.
— 셰익스피어

삶에 활력을 제공하는 활동을 적어도 하루에 한 가지씩은 날마다 실천해야 한다. 그것은 수영이 될 수도 있고 산책이나 독서, 편지 쓰기, 음악 감상, 요가나 정원 손질 또는 단순히 심호흡을 하는 것이 될 수도 있다. 자기 자신과 완전한 소통이 이루어지는 순간에 경험하는 휴식이나 재충전의 느낌은 진정한 해방감을 준다.

집안에서 한 곳을 정해 돌이나 말린 꽃, 사진, 여행 기념품 같은 의미 있고 엄선된 물건들로 일종의 제단장식을 만들어보자. 이 제단을 바라보면서 진정한 자아와 소통을 할 수 있다.

심리학계의 거장 칼 융(Carl Jung)은 재충전을 위해서 야심찬 장소를 만드는 공사에 착수했다. 칼 융은 마음속에 있는 생각을 물리적인 형태로 보여주고자 별장을 지었다. 그는 취리히 호숫가에 직접 저택을 지었고, 여러 개의 둥근 탑이 있는 그 건물은 볼링겐 타워(Bollingen Tower)라고 불렸다.

"나는 여기에 전기시설은 일절 갖추지 않았습니다. 손수 벽난로나 화덕에 불을 지펴야 합니다. 저녁에는 낡은 램프를 켜둡니다. 수도도 없기 때문에 우물에서 물을 길어다가 쓰지요. 직접 장작을 패고 음식도 만듭니다. 이처럼 단순한 일은 사람도 단순하게 만듭니다. 단순해지는 것이 얼마나 어려운 일인지…… 그곳에서 나는 수없이 탄생하고 사라지는, 순환하는 삶을 생각합니다."

08

활력 유지

사는 동안은 사는 것처럼 살아라!

― 괴테

세상에는 식도락이나 성적 쾌감, 선잠이 주는 달콤함, 또는 고통에서 벗어났을 때 느끼는 안도감처럼 감각적인 희열을 포함해 다양한 기쁨이 존재한다. 그토록 현실을 직시하던 몽테뉴조차 신장 결석으로 고생하다가 병으로부터 해방되자 그에 따른 안도감을 언급했을 정도이다. 하지만 사람에 따라서는 유희 본능적인 측면이 가장 강한 활력을 주는 경험이 될 수도 있다. 당연히 모든 스포츠는 유희 본능

과 밀접한 관련이 있다. 축구나 크리켓, 수영과 요트, 골프나 당구, 테니스는 물론이고 브리지 게임이나 체스, 체커 게임도 모두 마찬가지이다. 아울러 유쾌한 삶을 살고자 하는 아이디어도 유희 본능에 속한다고 할 수 있다. 이와 관련하여 시인 예이츠는 "우리는 어떤 것을 좋아하고 즐길 수 있을 때 비로소 완전히 그것에 정통할 수 있으며, 기분 전환을 통한 재충전의 기회로 삼을 수 있다."라고 썼다.

그러므로 삶의 모든 면에 대해서 지나치게 걱정하지도 말고, 즐겁고 창조적이며 유연한 마음가짐을 유지하는 것이 중요하다. 창조성은 우리가 타고난 권리이다. 창조성이 없는 삶은 불만으로 가득 차 있을 게 분명하다. 다만 현 시점에서 분명히 짚고 넘어갈 것이 있다. 창조성은 시인이나 작곡가, 화가, 무용가 등 흔히 예술가로 불리는 사람들의 전유물이 아니라는 점이다. 오히려 일상생활에서 필요한 모든 단순한 활동에서 발휘되는 것이라고 보는 게 더 타당하다. 우리라고 이러저러한 다양한 형태의 창조성을 탐험하지 못할 이유가 무엇이겠는가?

요리를 예로 들어 생각해 보자. 요리는 너무나 많은 남자들이 일상생활에서 여자에게 떠넘기지만 만족도가 매우 높은 일이다. 실제로 많은 남자들이 "나는 계란 삶을 줄도 모른다네."라며 자랑하듯 떠들어댄다. 하지만 은퇴를 하고 시간이 남아도는 사람에게 요리는 재충전을 위한 완벽한 일이다. 또한 새로운 재료를 개발하거나 흥미로운 색깔로 조합도 해보고 재미난 구성이나 특이한 조리법을 실험하는 기회이기도 하다. 더불어 친구와 이웃을 집으로 초대하는 기회로 활용할 수도 있다.

요즘은 맛깔스러운 음식을 준비할 수 있도록 도와주는 좋은 책들도 많이 나와 있다. 스프나 리소토, 팬케이크, 샐러드, 카레, 야채스튜, 파스타 같은 요리와 간단한 디저트부터 시작한다. 그렇지만 가공식품의 유혹 따위는 과감히 뿌리쳐야 한다. 아울러 음식 준비가 본질적으로 지루한 일이라고 주장하는 광고도 무시해야 한다.

맞다. 집안일에는 단조로운 일면도 있다. 하지만 그런 단조로운 면은 어떤 일이든 그것이 진정 창조적인 작업일지라도 존재하기 마련이다. 냉동 가공식품이 유용한 경우도 있지만 그것들을 사용하면 할수록 인생의 진정한 즐거움과 창조적인 면은 줄어든다.

빵을 만드는 것 역시 만족도가 높은 작업이다. 게다가 그다지 힘든 일도 아니다. 내 아내가 수십 년 간 만들어온 그랜트 로프(통밀을 발효시켜 만든 빵)는 반죽하는 데 많은 시간이 걸리지 않는다. 더욱이 밀가루에 이스트를 넣어서 빵으로 부풀리는 과정은 특별한 마법이라고 할만하다. 완성된 따뜻한 빵을 집에서 만든 마멀레이드(감귤류의 껍질과 과육에 설탕을 넣어 만든 잼)나 품질 좋은 치즈와 곁들여 먹어보

자. 이 세상에서 가장 완벽한 음식이 따로 없을 것이다.

멋진 일은 이밖에도 많다. 텃밭을 가꾸는 일 역시 그중에 하나이다. 내가 아는 몇몇 사람들은 나이가 들어서 텃밭을 가꾸기 시작했다. 그들에게 이 일은 유희를 제공하는 생명줄이나 다름없다. 채소를 재배하는 일은 기술이 필요하지만 그만큼 흥미와 생명의 신비로움을 느끼게 하고 무엇보다 조용히 쉴 수 있는 공간을 제공한다.

사람들은 텃밭에서 규칙적으로 일을 함으로써 막대한 혜택을 얻는다. 그곳에는 콩이나 가지, 호박, 꽃양배추, 양상추, 토마토, 오이, 감자, 비트, 양배추 등이 넘쳐난다. 그리고 이 모든 것은 단지 건강에 좋은 음식을 공급해주는 차원을 넘어서 스스로의 힘으로 일궈낸 특별한 기쁨을 가져다준다.

텃밭은 노인들이 야채를 키우고 건강을 유지할 수 있는 기회를 제공할 뿐 아니라, 다른 사람들을 만나고 친구를 사귈 수 있는 훌륭한 장소가 되어 준다.

09

균형 잡힌 시각

> 지나치게 도덕적인 사람이 되지 마라.
> 인생을 즐길 수가 없게 된다.
> 도덕 그 이상을 목표로 하라.
> 단순한 선함이 아니라 목적 있는 선함을 가져라.
> ― 헨리 데이비드 소로

나이가 들면 특히나 그렇지만 건강상의 문제가 없을 수가 없다. 불면증으로 고생할 수도 있고 때로는 관절염 때문에 걷는 것이 고통스러울 수도 있다. 그렇지만 세상에는 훨씬 지독한 괴로움을 겪고 있는

사람들로 넘쳐난다. 그들은 굶주림이나 끊임없이 찾아오는 통증, 견딜 수 없는 고뇌로 인해서 상상할 수 없을 정도로 격심한 고통을 받는다. 이러한 고통과 비교해서 자신의 어려움에 대해 객관적인 시각을 유지하는 것이 중요하다.

또 다른 시각은 자신의 어려움을 천지창조 같이 상상 불가능할 정도로 거시적인 관점에서 바라보는 것이다. 은하수에는 3천억 개의 별이 존재한다. 가장 가까운 항성도 40조 킬로미터 거리에 있다. 마찬가지로 경이로운 대자연에 대해서도 생각해보자. 쐐기벌레 한 마리의 머릿속에는 228개의 개별적으로 독립된 근육이 들어 있다. 우리가 사는 이 세상은 불가사의 그 자체이다. 인간은 단지 경외감과 존경심으로 대할 수 있을 뿐이다.

❀ ❀ ❀

인생은 자전거를 타는 것과 같다.
균형을 잡으려면 움직여야 한다.
― 알버트 아인슈타인

10

호기심

> 태어나면서부터 현명한 사람은 없다.
>
> — 미겔 데 세르반테스

불교 사상가 아잔 차(Ajahn Chah) 승려는 불확실성을 도외시하는 발언은 현명한 태도가 아니라고 말한다. 영원한 것은 없다. 모든 것은 변하기 마련이다. 확실성이 사람의 눈을 흐리게 하는 반면 불확실성은 창조적이고 참신한 기회를 제공한다는 점을 명심해야 한다.

아잔 차 승려는 또한 우리에게 "나는 왜 태어났을까?"라고 하루에도 몇 번씩 자주 자문해 보라고 조언한다.

11

감사

> 그 사람이 얼마나 행복한가는 감사의 깊이에 달려 있다.
> ― 존 밀러

어느 상점이든 계산대 근처에서 귀를 기울이고 있으면 점원이 연신 '감사합니다!'라고 말하는 소리를 들을 수 있다. 하지만 이런 상황에서의 인사말은 사교적인 차원에서 이루어지는 상투적인 대화일 뿐이다. 제라드 홉킨스나 월트 휘트먼, 토마스 트러헌 같은 시인들이 황홀한 산문이나 시를 통해 보여준 깊은 곳에서 우러나온 감사를 표현하는 상황과는 다르다. 이러한 감사의 표현이야말로 사랑을 드러내는 가장 순수한 형태라고 할 수 있다. 감사하는 마음을 느낄 때는 비난이나 노여움, 앙심, 자기연민 같은 부정적인 반응이 끼어들 틈이 좀처럼 없기 때문이다.

  현재 자신이 소유한 것에 만족하고 그에 대해 감사하는 마음을 가져야 한다. 거창한 고민은 잊자. 일상생활의 사소한 문제에만 신경을 쓰고 감사하는 마음으로 주변을 돌아보자. 지금 내게 주어진 기쁨에 보답하는 길은 감사하는 마음으로 사는 것이다.

  살아있다는 것에 감사하자. 불행한 생각에 휩싸이지 않도록 조심하자. 스스로를 절망의 유혹에 내맡겨서도 안 된다. 소박하고 아름다우며 좋은 것만 보자.

❁ ❁ ❁

이 세상은 두 가지 방법으로 살 수 있다.
기적 같은 건 없다고 믿으며 사는 방법,
그리고 모든 것이 기적이라고 믿으며 사는 방법이 있다.
이 두 가지 방식 가운데 어떤 것을 선택하느냐는
각자의 마음가짐에 달렸다.
― 알버트 아인슈타인

12 소소한 즐거움

> 젊음이 행복하다는 것은 그것을 잃은 사람들의 착각이다.
> 정작 젊은이들은 자신에게 주입된
> 거짓된 이상으로 가득 차 있기에 괴롭다.
> 그래서 현실을 마주할 때마다 멍들고 상처 입는다.
> — 윌리엄 서머셋 모옴

오래 갈 수 있는 수수한 즐거움을 추구하자. 친구를 만나서 이야기를 나누거나 가까운 공원 또는 뒷산으로 난 길을 따라 산책해 보자. 정원을 정성껏 가꾸고, 좋아하는 음식을 만들어 천천히 음미하며 먹는 일은 또 얼마나 즐거운가! 그 밖에도 글쓰기나 그림 그리기, 볼링, 음악 감상 또는 연주 등 우리가 일상에서 추구할 수 있는 소소한 즐거움은 얼마든지 많다. 거동이 불편한 경우에는 낮잠을 자거나 조용히 앉아서 또는 독서를 하면서 즐거움을 찾을 수 있다.

이외에도 애완동물은 조용한 안도감을 제공하고 나무는 안정감과 평화로운 느낌을 준다. 신체 능력이 떨어질수록 신발 끈을 묶는 것처럼 사소한 행동이 갖는 의미가 점점 늘어난다. 아주 사소한 일이라도 그것을 완수했을 때 느끼는 만족감은 삶의 의미를 더욱 풍성하게 만든다.

침묵과 명상을 위한 시간도 떼어두자. 서두를 이유가 없다. 맞춰야 할 마감시한도 없고 지켜야 할 약속도 없기 때문이다. 우리에게 주어진 것을 즐기기만 하면 된다. 그곳이 집 밖에 있는 길거리든 정원이든 아니면 거실이든 어디든 상관없다.

편견이나 복잡한 생각은 접어둔 채 그냥 보고 듣고 있는 그대로를 인식하자. 그래야만 영원히 지속 가능한 영양분을 섭취할 수 있다. 우리가 감사하는 마음을 갖고 신에게 고마워해야 할 이유는 항상 존재하기 마련이다.

13 받아들임

> 충만한 삶을 사는 열쇠 중 하나는 자신에게 일어나는 일을 있는 그대로 받아들이는 것이다.
> — 존 레인

전보다 근육이 힘을 잃고 행동은 굼떠지며 집중력이 흐려지는 현실을 받아들이자. 한때는 당연하게 여겼던 행동도 나이가 들면 불가능한 일이 된다. 이런 현상은 절대 되돌릴 수 없는 일일 뿐더러 한탄해 봐야 아무 소용이 없다. 더 이상 젊지 않은데 젊은 척하는 것은 어리석은 행동이다.

스스로를 인정하고 자신이 이룩한 성취에 대해서 긍지를 가질 필요가 있다. 마찬가지로 점점 노쇠해가는 자신의 육신을 머슴이 아닌 친구로서 존중해야 한다. 몸은 주인이 알아주기를 바라지 않고 묵묵히 봉사할 뿐이다. 따라서 나이가 들수록 몸이 무엇을 원하는지 귀를 기울이고 혹사시키지 말아야 한다. 아무리 고통에 시달릴지라도 인간으로서의 품위까지 잃어버리면 안 된다. 도스토예프스키는 "나는 오직 한 가지를 두려워할 뿐이다. 내가 고통을 느낄 수 있는 자격을 잃는 것이다."라고 말했다. 체념과 극기, 인내는 노화를 겪는 사람에게 유용한 덕목이다. 자기연민에 빠지지 않도록 조심하고, 자신이 처한 곤경이 불합리하다는 생각이나 자신이 앓고 있는 질병이 부당하다고 생각하지 말자. 있는 그대로 현실을 받아들이자.

어떤 일이든 긍정적인 태도가 중요하다. 어쨌든 삶은 계속된다는 사실을 받아들이자. 잃는 것이 있다면 얻는 것도 있는 법이다. 삶의 이면이나 내면 또는 외면에 존재하는 불가사의한 신비를 절대로 간과하지 말아야 한다. 삶에는 신비로운 힘이 존재하며 그 힘은 모든 것을 가능하게 만든다. 그러나 그 신비로운 힘은 새로움에 대한 열린 마음을 통해서만 경험할 수 있다. 아인슈타인은 "이 신비로운 힘을 인식하지 못하는 사람이나 잠시 손을 멈추고 그 황홀한 힘을 느낄 줄 모르는 사람은 죽은 거나 진배없다."라는 지혜로운 말을 남겼다.

14

노화를
극복하는 힘

당신이 지닌 신념은 당신의 생각이 된다.
그 생각은 말로 나타나고
말은 행동으로 옮겨지며
행동은 습관으로 자리 잡고
습관은 당신의 가치를 결정한다.
그 가치는 당신의 운명을 좌우한다.
― 마하트마 간디

《신념의 생물학(The Biology of Belief)》의 저자 브루스 립튼은 "신념은 우리 몸에 가장 강력한 영향력을 행사하고 몸 구석구석 세포 하나하나에 작용한다. 삶을 통제하는 것은 유전자가 아니라 우리가 갖고 있는 신념이다."라고 말한다. 립튼의 주장에 따르면 긍정적인 사고는 생물학적 지시로 변환되어 행복하고 건강한 삶을 불러온다.

지난 30여 년에 걸친 수많은 연구를 통해서 노화는 과거에 상상했던 바와 달리 개인에 따라 다르게 진행된다는 사실이 밝혀졌다. 부처는 "지금의 우리 모습은 사유의 산물이다. 우리가 가진 생각을 바탕으로 해서 만들어졌으며 우리의 생각으로부터 나온 것이다. 인간은 자신의 마음가짐을 바꿈으로써 삶을 바꿀 수 있다."라고 가르쳤다. 물론 어디까지 바꿀 수 있는가는 당사자의 의지와 끈기, 결단력, 용기에 달려 있다.

어떤 생각이 자신의 행동에 영향을 주고 있는지 알려는 노력이 필요하다. 그것이 희망이나 사랑이라면 절망으로 얼룩진 삶을 살 때보다 좀 더 장수할 수 있다.

혹자에게 죽음은 불만족스러운 삶으로부터 유일한 돌파구를 의미할 수도 있다. 현실이 그렇다. 하지만 신념과 창조적인 활동으로 충만한 인생을 사는 사람은 장수할 가능성이 그만큼 높아진다. 사람들은 소중한 목표가 있을 때 삶에 집착한다. 반대로 더 이상 살아야 할 이유를 찾지 못하는 순간 삶을 포기하기도 한다.

애완동물

> 살아있는 모든 피조물을 향한 사랑은
> 인간의 가장 고결한 특징이다.
> ― 찰스 다윈

플로렌스 나이팅게일은 음악이 환자의 회복을 촉진한다고 주장하면서 동시에 병실에서 반려동물이 차지하는 역할에 대해서도 언급했다. 그녀는 환자가 장기간 치료를 받으면서 느끼는 외로움을 반려동물이 달래줄 수 있다고 말했다. 이것은 맞는 말이다. 고양이나 개가 노는 모습을 지켜보고 있노라면 언제나 기분이 좋아지기 마련이다. 내 오랜 친구 중 한 명은 86세로 독신인데 버릇없는 고양이 텀니스를 기르면서 소중한 교감을 느끼고 삶의 활력을 되찾았다.

이런 유형의 애정 관계에 대해서 제프리 메이슨은 "고양이는 원래 콧대가 세서 만족할 줄을 모른다. 따라서 만족할 줄 모르는 고양이는 우리의 애를 태우고 싫증낼 틈을 주지 않는다. 우리가 그토록 고양이를 사랑하는 것은 틀림없이 상당 부분 이러한 이유 때문일 것이다. 과학자들은 가르랑거리는 고양이를 쓰다듬다 보면 그 고양이를 쓰다듬어 주는 사람의 혈압이 내려간다고 주장한다. 여기에 더해서 나는 그러한 행동이 그 사람의 의욕을 높여줄 수 있다고 믿는다. 어째서? 누가 봐도 스스로를 완벽한 존재로 여기고 부족함이 없어 보이는 그토록 냉정한 동물이 나를 필요로 하고 고마워한다고 느끼는 것은 무척이나 고무적인 일이기 때문이다. '고양이가 이렇게나 따르는 걸 보면 내가 완전히 나쁜 사람은 아닐 거야.'"라고 말했다.

마찬가지로 개도 노인들에게 특히 독거노인에게 정말 훌륭한 반려동물이다. 또한 주인이 산책하도록 만들어서 부가적인 이점도 제공한다. 하지만 개를 키우기로 결정하기까지는 신중할 필요가 있다. 당신이 65세부터 키우기 시작한 그 개는 주인이 75세의 꼬부랑 할아버지가 되든 말든 여전히 오랜 시간 산책할 필요가 있다는 사실을 기억해두자.

16

컴퓨터

> 작은 변화가 일어날 때 진정한 삶을 살게 된다.
> ― 레프 톨스토이

나는 컴퓨터를 배우다가 너무 어려워서 차라리 죽는 게 낫겠다는 생각까지 했다. 하지만 컴퓨터는 일단 배우고 나면 일상생활에서 다양한 많은 일을 할 수 있도록 도와준다. 인터넷을 통해 서로 관심을 공유할 수도 있고 전 세계 사람들을 친구로 만들 수도 있다. 사이버 공간은 노인들에게 사람들과 관계를 유지할 수 있는 새로운 수단을 제공한다.

17

융통성과 창조성

상상력은 지식보다 중요하다.

— 알버트 아인슈타인

사람은 나이가 들면서 변화를 거부하고 주변 세상과 단절되려는 성향이 생긴다. 이러한 성향을 극복하고 열린 마음으로 외부에 대한 관심과 유연한 태도를 견지하고 타고난 창조성을 발휘해 즐거움을 추구하는 것이 중요하다. 스스로를 창조적이지 않고 무용지물이며 고루하고 남에게 짐이 된다고 느끼는 사람은, 지루하고 정체된 삶이나 우울한 생각에서 좀처럼 벗어날 수 없다.

도움받기

아무리 작은 친절이라도 결코 헛되지 않다.
— 이솝

대부분의 사람들은 다른 사람이 어려움에 처했을 때 기꺼이 도와주고자 하지만 경우에 따라서는 이런 도움의 손길이 불쾌함을 야기하기도 한다. 사람은 타인에게 의존하기보다 스스로의 힘으로 혼자 일어나려고 한다. 이런 생각은 극단적으로만 치닫지 않는다면 훌륭한 태도이다. 하지만 도움의 손길을 고마운 마음으로 받아들이지 못하고 굴욕으로 생각하는 것은 현명하지 못한 태도이다.

19

사회 참여

인간의 진정한 재산은 그가 이 세상에서 행하는 선행이다.
— 마호메트

계속해서 생업에 종사하거나 또는 은퇴를 선언하고 전혀 새로운 일을 시작하더라도, 나이가 들어서 의미 있는 생활을 하려면 다른 사람과 어울리고 지역사회에 동참하는 것이 중요하다.

뮤리엘 길릭은 '맥아더 재단의 성공적인 노화에 관한 연구'를 언급하면서 미국 노인 중 80퍼센트가 "다른 사람의 행복에 기여할 수 없다면 살아갈 의미가 없다."고 느낀다는 사실을 지적했다.

우리가 정체된 삶과 자기도취에서 벗어나 만족스런 노후를 즐기고자 한다면 눈을 밖으로 돌려서 다른 사람들에게 관심을 가져야 한다는 뜻이다.

그렇지만 '지역사회에 동참'한다고 해서 반드시 청년 클럽이나 나처럼 스카우트 그룹을 운영할 필요는 없다. 이외에도 얼마든지 다른 일거리를 찾을 수 있다. 거동이 불편한 이웃을 대신해 장을 봐주거나 문화회관에서 영사기를 돌릴 수도 있고 지역교구를 위해 기금을 조성할 수도 있으며 자선기금운영회에서 봉사활동을 할 수도 있다.

뭔가 대단한 일을 해야 한다는 부담은 떨쳐 버리자. 지역사회에는 도움이 절실히 필요한데 예산 부족, 인력 부족 등의 이유로 막상 손길이 미치지 못하는 일들이 구석구석 많이 있다. 그 수많은 일들 중에서 자신이 할 수 있는 일을 찾아서 필요를 채우다 보면 보람을 느끼는 것은 물론이고 스스로에 대한 자부심과 자신감도 부쩍 높아질 것이다.

20

자기성찰

사람의 얼굴은 하나의 풍경이요, 한 권의 책이다.
얼굴은 결코 거짓말을 하지 않는다.

— 발자크

노후는 그동안 살아온 인생을 되돌아볼 수 있는 기회를 제공한다. 심오하고 난해한 질문에 대해서 꾸준히 성찰해보는 시간을 제공한다. 우리는 누구이고 이 넓디넓은 세상 어디에 어울리는 사람인가?

이러한 시간을 기회로 활용하기 위해서는 느리게 살 필요가 있다. 경우에 따라서는 마지막 순간이 찾아올 때를 대비해 혼자 평온한 상

태로 앉아 자기성찰을 하는 시간이 필요하다.

이렌느 클라르몽 데 카스티예호는 이렇게 말했다,

"많은 노인이 본질적인 고독을 받아들이지 못하고 끊임없이 외적인 요소만을 추구한다. 젊은 사람들이 보여주는 잘못된 친절 때문이거나 노인들 스스로가 혼자일 필요성을 깨닫지 못하기 때문이다. 하지만 인간은 죽을 때 누구나 혼자이다. 그 때가 오기 전에 혼자인 것에 익숙해지는 편이 정신건강에 이롭다."

사람은 나이가 들수록 영적인 기쁨에 더욱 많은 매력을 느낀다.

❀ ❀ ❀

절벽 가까이 나를 부르셔서 다가갔습니다.
절벽 끝에 더 가까이 오라고 하셔서 다가갔습니다.
그랬더니 절벽 끝에 겨우 발붙이고 서 있는 나를
결국 아래로 밀어 버리는 것이었습니다.
물론 나는 그 절벽 아래로 떨어졌습니다.
그런데 나는 그 때까지
내가 날 수 있다는 사실을 몰랐습니다.
　—로버트 쉴러

21

정체성

　같은 시대를 사는 다른 사람들보다 뛰어나고, 전적으로 자기 본연의 모습을 유지하려면 용기가 필요하다. 헨리 데이비드 소로를 가까이서 지켜본 이웃들의 증언에 따르면 소로는 연못가에서 8시간씩이나 어린 개구리들을 관찰하기도 하고 하루 종일 강가에서 오리 알이 부화하는 과정을 지켜보기도 했다고 한다. 시인 제라드 홉킨스 역시 비슷한 취미가 있었다고 전해진다. 물론 길버트 화이트나 레오나르도 다 빈치, 존 컨스터블, 피에르 보나르 같은 당대의 위대한 관찰자들이 참을성 있고 감사하는 마음으로 주변의 자연 세계를 감상하면서 성취감과 즐거움을 추구했다는 사실은 새삼 언급할 필요도 없다.

22

젊음

젊게 살려면 젊은 사람의 유연성과 활력을 흡수하는 것도 좋은 생각이다. 물론 말처럼 쉬운 일은 아니지만 충분히 시도할만한 가치가 있다. 젊은이들과 어울릴 수 있는 기회를 찾아내고, 그들이 무엇을 꿈꾸고 어떤 문제로 괴로워하며 무슨 생각을 하는지 알아야 한다.

새로운 시각으로 사물을 보자. 기득권은 언제든 포기할 준비를 하고 있어야 한다. 적어도 적당한 변화는 가치가 있다. 변화에 대해 열린 마음으로 대처하지 못한다면 삶에 대해서도 마찬가지일 수밖에 없다. 우리가 아무리 변화를 부정하더라도 삶은 결코 우리 개인이 통제할 수 있는 것이 아니다.

23

희망

어느 누구도 과거로 돌아가서 새롭게 시작할 순 없지만,
지금부터 시작하여 새로운 결말을 맺을 수는 있다.
— 카를 바르트

인간은 살아남을 희망이 없다는 사실을 깨닫는 순간에도 희망을 잃지 않는다. 배우자나 절친한 친구를 잃더라도 지나친 슬픔으로 절망에 빠지지는 말자. 움직일 수 있는 동안은 계속해서 앞으로 나아가되 스스로에게 관대해야 한다. 때로는 일이 잘못되어도 새로운 기회나 삶을 개선할 방법을 찾아 스스로를 담금질해야 한다.

열정보다 오래 사는
비결은 없다

대부분의 사람들은 타고난 재능이 가진 진정한 가치를 무시하고 산다. 기본적으로 소비 지향적인 삶을 살면서 유행을 선도하는 유명인사의 생활방식을 흉내 내거나 필요 이상으로 화려하게 살도록 강요당하기 때문이다. 너무 늦기 전에 인생에서 충만한 만족감을 느끼고 탁월한 뭔가를 이루어낸 사람들이 보여주는 특성을 흉내 내고자 노력하는 편이 낫지 않을까? 물론 누구나 노력한다고 해서 아인슈타인이나 찰리 파커, 마리 퀴리가 되지는 않는다. 하지만 인생은 경쟁으로만 결정되는 경주가 아니다. 마치 씨앗을 다루듯이 재능을 계발하고 그 재능 안에 숨겨진 잠재력을 알아보려는 노력이 무엇보다 중요하다.

당신의 계획은 무엇인가?

> 신이시여, 우리는 현재의 우리 모습을 알 뿐
> 앞으로 어떻게 변해갈지는 모릅니다.
> ― 오필리아, 《햄릿》의 제 4막 중에서

지난 20세기를 지나며 인간의 전반적인 기대수명이 큰 폭으로 늘어났다. 그리고 마침내 성서에서 언급한대로 인간의 수명이 70세 전후로 정의되었다. 그에 따라 오랜 세월 삶의 척도가 되었던 모든 기준이 이제 타당성을 잃었다. 인류가 진화를 시작한 이래 사상 처음으로 우리 세대는 덤으로 얻어진 20년 또는 그 이상의 기간을 어떻게 좀 더 활동적으로 살 것인지 고민할 필요가 생겼다. 어떻게 하면 이 시간을 새롭고 생산적인 방식으로 활용할 수 있을까?

미국의 현대 시인 메리 올리버가 묻는다.

"당신은 단 한 번뿐인 즐겁고 소중한 자신의 인생에 대해서 어떤 계획을 가지고 있나요?"

말해보라. 당신의 계획은 무엇인가?

그냥 자리를 지키고 앉아서 텔레비전을 보거나 신문을 읽고 수없이 많은 차를 마시는 것은 분명 아닐 터이다. 내 친구 중 누구처럼 정처 없이 여행을 다니는 것도 아닐 터이다.

우리가 삶을 대하는 방식에 따라 삶이 우리에게 주는 혜택도 다르다. 근본적인 성장과 즐거움을 원한다면 상상력과 신중한 선택 그리고 그에 따른 노력이 필요하다.

❁ ❁ ❁

그동안 우리에게 가장 큰 피해를 끼친 말은 바로
"지금껏 항상 그렇게 해왔어."라는 말이다.
— 그레이스 호퍼

남자는 나이들면 탐험가가 된다

> 내 영혼은 영원한 생명을 갈구하지 않는다.
> 다만 다양한 가능성이 존재하는 이 세상을
> 보다 철저히 탐구할 뿐이다.
> ─ 핀다로스(BC 518~438), 《피티아 송시 3》 중에서

나는 시인인 T. S. 엘리엇의 주장을 바탕으로 해서 이 책을 썼다.
 "남자는 나이가 들면 탐험가가 되어야 한다. 무엇을 탐험하든 대상은 중요치 않다."
 물론 엘리엇의 말은 여자도 포함하고 있다고 생각한다. 엘리엇은

우리에게 건강이 악화되어 수시로 방해를 받더라도 남은 시간을 최대한 활용하라고 권한다. 말하자면 호기심을 따르고 의미 있는 일을 파고들며 계속해서 성장하고자 하는 용기를 가져야 한다는 뜻이다. 더불어 창조적으로 생각하며 우리가 태어난 사회에 기여해야 한다는 뜻이기도 하다. 아울러 그동안 익숙했던 방식에서 벗어나 다른 시각으로 사물을 바라보고 참신한 사고와 상상력을 위한 가능성을 개발해야 한다는 뜻이다.

진작부터 이런 것들을 갖추고 우주의 중심에 존재하는 창조적인 능력을 거머쥔 사람들을 보면서 나는 영감을 얻는다.

내가 존경하는 윌리엄 블레이크는 70세의 나이에 침상에 누워 병마에 시달리면서도 훌륭한 작품들을 쏟아냈다. 그는 일찍이 독학으로 이탈리아어를 배워서 단테의 유명한 시 《신곡》을 배경으로 하는 수채화 시리즈를 그렸다.

작곡가인 랄프 본 윌리엄스도 있다. 그는 85세의 나이에 자신의 9번째 교향곡을 쓰기 시작했다. 클로드 모네는 자신의 가장 독창적이랄 수 있는 작품을 86세 생일을 불과 한 달 앞두고 완성했다.

수세기 전에도 이와 유사한 사례가 있었다. 베네치아 화가 티치아노는 99세의 나이에도 왕성한 작품 활동을 했다. 피렌체의 조각가이자 시인이며 화가였던 미켈란젤로는 90세의 나이로 사망하기 불

과 며칠 전까지 '피에타'를 조각했다. 마찬가지로 크리스토퍼 렌 경은 죽음을 목전에 둔 순간까지 세인트폴 대성당의 설계도를 수정했다.

노령의 나이에 창조성을 발휘한 사례는 이밖에도 얼마든지 있다. 피렌체의 조각가 도나텔로는 80세의 나이에 여전히 작품 활동을 했다. 독일이 낳은 가장 위대한 시인 중 한 명인 요한 볼프강 폰 괴테는 《파우스트 2부》를 사망하기 바로 1년 전인 83세에 끝냈다. 이외에도 《레미제라블》과 《노트르담의 꼽추》의 저자 빅토르 위고와 《전쟁과 평화》의 저자 레프 톨스토이도 있다. 이들 두 작가는 고령이 되어서도 죽음을 눈앞에 둔 순간까지 펜을 놓지 않았다.

음악가 중에는 주세페 베르디가 80세의 나이에 '팔스타프(Falstaff)'를 작곡했다. 조지 프레더릭 헨델은 말년에 눈이 어두워지고 중풍으로 인한 발작과 통풍(痛風)에 시달리면서 오라토리오 '입다(Jephta)'를 작곡했다. 리하르트 슈트라우스는 말년에 '4개의 마지막 노래' 그리고 드레스덴과 베를린을 포함한 독일의 여러 도시가 폭격을 받아 파괴된 것을 기리는 애가 '메타모르포젠(Metamorphosen)'처럼 영감이 충만한 작품들을 썼다.

분야는 다르지만 주목할 만한 음악가는 90세의 파니 워터만(Fanny Waterman)이다. 그녀는 배울 점이 많은 스승인 동시에 세계에서 가장 권위 있는 피아노 대회 중 하나인 '리즈 피아노 콩쿠르'의 창립자이다. 또한 '늙어서 일을 관두는 것이 아니다. 일을 관두기 때문에 늙는 것이다.'라는 격언을 몸소 보여주는 사람이기도 하다.

현대를 사는 사람 중에서도 이 격언에 적극적으로 동의할 만한 사람들이 있다. 바로 88세의 영국 화가인 루시안 프로이트와 91세의 오스트리아 미술가 마리아 라스니그(Maria Lasnig)이다. 이 두 사람을 보면 조만간은 은퇴할 생각이 없는 듯하다.

프랑스 태생의 조각가 루이즈 브루조아(1911~2010)는 100세에도 일을 하고 있었으며 프랑스 영화 감독 에릭 로메르(1920~2010)는 80대 후반에도 여전히 영화를 제작했다.

상대적으로 화려하지 않은 예술이라고 할 수 있는 시 분야에는 로버트 프로스트와 에즈라 파운드, 로버트 그레이브스, 지칠 줄 모르는 캐슬린 레인 같은 사람들이 있다. 이들 모두는 죽는 순간까지 꾸준히 작품 활동을 했던 사람들이다. 또한 그런 점에서 본다면 아일랜드의 극작가 사무엘 베케트도 마찬가지이다. 또한 시인이자 노벨상을 탄 데릭 월컷(80세), 소설가 P. D. 제임스(89세), 루스 렌델(79세)은 모두 전성기 못지않은 활동을 꾸준히 보여주고 있다.

지금까지 살펴 본 사례들은 예술에 대한 순전히 내 개인적인 관심 때문에 알게 된 예일 뿐이다. 당연하지만 다양한 분야에서 마지막 순간까지 활동적으로 살고자 노력한 사례는 얼마든지 많다. 과학자

도 있을 것이고 교사나 학자, 기타 등등 셀 수 없이 다양하다.

오늘날 유럽에서 경작하는 장식용 체리의 대부분을 거의 최초로 소개한 원예가 콜링우드 잉그램(Collingwood Ingram)도 있고, 자연농법을 처음 개발한 일본인 개척자 마사노부 후쿠오카도 있으며, 생태 환경에 관한 심오한 지식으로 산에 대한 초자연적인 경외감을 불러일으킨 노르웨이의 등반가이자 사상가인 안 네스도 있다.

지긋한 나이에 창조적인 활동을 펼친 또 다른 주목할 만한 사례로 인도 시인 라빈드라나드 타고르와 유대인 신학자 마르틴 부버, 독일 철학자 마르틴 하이데거, 인도의 현자 지두 크리슈나무르티, 선종(禪宗)을 소개한 D. T. 스즈키 그리고 20세기 최고의 시각 예술가이자 화가이자 조각가인 앙리 마티스(1869~1954)가 있다.

특히 앙리 마티스는 마지막 15년 정도의 기간 동안 환자나 다름없는 생활을 하면서도, 깜짝 놀랄만한 독창적이고 창조적인 화법을 개발했다. 바로 색종이 조각을 이용하는 것이다. 마티스는 말년에 중요한 일을 계획했는데 이 또한 매우 탁월한 선택을 보여주었다. 그는 1948년에서 1951년 사이에 방스에 있는 도미니크 수녀회의 수녀원 예배당을 설계하고 장식했다.

세계에서 가장 위대한 성악가 중 한 명인 플라시도 도밍고는 은퇴를 장시간에 걸쳐 서서히 내리막을 걷는 것으로 생각하고 경멸했다.

플라시도 도밍고는 69세의 나이에도 바리톤 가수로서 새로운 오페라 레퍼토리를 연구하고 있다. 왜일까? 그는 말한다.

"만일 당신에게 특별한 능력이 있다면 그래서 사람들에게 뭔가 특별한 것을 선물할 수 있다면 최대한 그 능력을 발휘해야 한다. 다른 사람의 삶을 당신의 능력으로 충만하게 만들어줄 수 있도록 노력해야 한다."

마치 나이로 인한 변화를 전혀 느끼지 못하는 듯 꾸준한 활동을 보이는 비범한 사람들 중에는 82세의 러시아 행동주의자 루드밀라 M. 알렉세예바가 포함되어야 할 듯하다. 그녀는 저항 단체를 조직한 혐의로 지난 43년 동안 수없이 기소되었고 결과적으로 KGB를 자극하고 성가시게 만드는 데 전문가가 되었다.

이제까지 언급되었던 분야와는 전혀 다르게 세계 최고령 이발사 안토니 만치넬리도 있다. 98세가 되어서도 여전히 자신의 머리만큼은 직접 손질하는 만치넬리는 "나는 여전히 은퇴할 생각은 털끝만큼도 없어요. 출근할 때마다 살아가는 이유를 느끼거든요."라고 말한다.

만치넬리와 똑같은 말을 하고 싶어 하는 84세의 동물학자겸 영화 제작자도 있다. 데이비드 아텐버러 경은 기후 변화에 대한 다큐멘터리를 제작하기 위해 남극대륙에서 3주 일정을 마치고 최근에 돌아왔다.

내가 알기로 이런 사람들은 절대 평범한 사람이 아니다. 하지만 그

들의 행보는 노년의 삶이 적어도 어떤 사람들에게는 장시간에 걸쳐 서서히 내리막을 걷는 것이 아니라는 본보기이다.

그들은 여전히 지혜를 추구하고 책임감 있는 일을 하며, 육체적 정신적 모험이든 또는 일상의 모험이든 즐길 수 있는 모험이 있다. 마티스가 즐긴 것은 색채와 함께한 모험이었다. 베토벤은 자신의 후기 현악 4중주곡을 통해서 소리와 함께하는 모험을 즐겼다. 토마스 머튼 같은 사람들은 외면보다는 내면을 파헤치면서 영적인 모험을 추구했다.

우리 인생은 이런 다양한 가능성을 일일이 시도해 볼 수 있을 정도로 충분한 시간이 있을까? 인간이 지닌 잠재력을 깨닫기에 충분한 시간이 있을까? 이러한 탐험에 내재된 특별한 흥분을 누리기에 충분한 시간이 있을까? 우리가 타고난 특별한 재능을 발휘할 충분한 시간이 있을까?

내 생각에는 그렇지 않다. 이런 일 말고도 잡다하게 할 일이 너무 많기 때문이다.

03

노년은 자아실현을 위한 완벽한 기회다

> 노인은 단지 하찮은 존재에 불과하다.
> 죽음이라는 드레스를 입은 이 무용지물에 가까운 존재는
> 영혼이 손뼉을 쳐주고 큰 소리로 노래를 들려주지 않는다면
> 넝마를 걸친 막대기일 뿐이다.
> ― W. B. 예이츠

내가 요크셔 그래머 스쿨에서 미술을 가르치고 있을 때 많은 학생들이 탁월한 상상력을 갖고 있다는 사실을 발견했다. 거의 모든 학생이 시각적으로 뛰어난 작품을 만들었고 오직 극소수 학생만 자신이

타고난 능력을 창조적으로 발휘하는 데 어려움을 겪었다. 나는 그 경험을 통해 너무 깊은 곳에 있어서 미처 개발되지 않는 능력이 있다는 사실을 알게 되었다.

이러한 능력은 일반적으로 사회에서 잘 드러나지 않으며 10대 후반에 그대로 소멸되는 경우도 많다. 몽골에는 어서 파내주기만을 기다리고 있는 광물과 황금, 원유가 가득하다고 한다. 마찬가지로 사람은 누구나 미처 개발하지 못한 잠재력이 있기 마련이다. 당신에게는 자신이 알고 있는 것보다 훨씬 많은 재능이 있을 가능성이 농후하다.

나는 어린 시절 절대 될 수 없는 사람들을 흉내 내고 다니던 때가 있었다. 로빈 후드 역을 맡았던 에롤 플린 역시 그 중에 한 명이었다. 하지만 그때까지만 해도 철부지 소년이었던 터라 몇 가지 치명적인 문제를 깨닫지 못했다. 우선 내 칼싸움 실력은 전혀 전문가답지 못했다. 또한 배우가 되기에는 지나치게 내성적이라는 문제도 있었다. 무엇보다 에롤 플린처럼 콧수염이 나기에는 한참 어렸다.

하지만 그처럼 무모한 꿈을 꾸는 사람이 오직 나밖에 없었을까? 아니라고 생각한다. 궁금하지 않은가? 과연 얼마나 많은 사람이 주어진 인생 항로에서 벗어나 자신과는 전혀 상관없어 보이는 인생에 도전하는 즐거움을 느꼈을까?

소로는 《월든(Walden)》에서 이렇게 말했다.

"진지한 인생이란 깊이 있게 살면서 삶의 모든 정수를 흡수하는 것이다."

우리 가운데 과연 얼마나 되는 사람이 이런 삶을 시도라도 해 봤을까? 소로가 말한 삶을 살려면 우선 스스로에 대해 알아야 한다. 이를 위해서 자신의 정체성을 인지할 정도로 열렬하고 성실한 책임감이 필요하다. 또한 한 점의 회의도 비집고 들어오지 못할 만큼 스스로에 대한 믿음이 있어야 한다.

하지만 대부분의 사람들은 타고난 재능이 가진 진정한 가치를 무시하고 산다. 기본적으로 소비 지향적인 삶을 살면서 유행을 선도하는 유명인사의 생활방식을 흉내 내거나 필요 이상으로 화려하게 살도록 강요당하기 때문이다.

더 늦기 전에 인생에서 충만한 만족감을 느끼고 탁월한 뭔가를 이루어낸 사람들이 보여주는 특성을 흉내 내고자 노력하는 편이 낫지 않을까? 물론 누구나 노력한다고 해서 아인슈타인이나 찰리 파커, 마리 퀴리가 되지는 않는다. 하지만 인생은 경쟁으로만 결정되는 경주가 아니다. 마치 씨앗을 다루듯이 재능을 계발하고 그 재능 안에 숨겨진 잠재력을 알아보려는 노력이 무엇보다 중요하다.

노인들만의 비밀을 살짝 공개해 본다면 나이가 들면 게으름을 피울 수도 있고 약간은 이기적으로 행동할 수도 있다는 사실이다. 많은

노인들이 노년을 거의 아무 것도 하지 않으면서 보내는 데 만족하는 듯 보인다. 노년을 당연한 대가로 주어진 휴식 기간이라고 생각하거나 너무 피곤하고 건강이 좋지 않아서 책임감 있는 일을 꾸준히 수행하기 어렵다고 생각하기 때문이다.

가장 보편적이고 뿌리 깊은 편견 중 하나가 노인은 책임 있는 일을 맡기에 능력이 부족하다는 생각이다. 하지만 다른 모든 일과 마찬가지로 여기에서도 마음가짐이 가장 중요하다. 도대체 고령자가 책임감 있는 일에 부적합하다는 믿음은 어디에서 유래했을까? 개개인의 직접적인 경험에서 비롯된 것인가? 아니면 선생님이나 부모님, 친구에게서 몰래 귓속말로 전해 들은 것인가? 아마도 십중팔구는 우리의 문화에서 기인할 것이다. 또는 D. H. 로렌스의 주장처럼 스스로를 의심하도록 가르치는 '빌어먹을 교육' 때문일 것이다.

어쨌든 당신은 이제 늙었고 충분한 시간이 있으므로 이러한 편견이나 의심을 전면 재검토할 수 있는 기회를 맞았다.

시간을 보다 효율적으로 활용할 수 있을 것 같으면서도 실상은 그렇지 못한가?

그렇다면 당신을 가로막는 방해요소가 무엇이라고 생각하는가?

왜 그처럼 스스로에 대해 자신감이 없는가?

왜 사람들 앞에 당당히 나서기 위해 용기를 내지 않는가?

당신은 이제 노령으로 인해 비록 심각한 신체적 질병을 얻게 되었을지 몰라도 돈을 벌어야 한다는 압박에서 해방되었고 원하는 것은 대체로 무엇이든 할 수 있을 만큼 충분한 자유를 얻었다.

노년은 자아실현을 위해 가능성을 탐험할 수 있는 완벽한 기회를 제공한다. 행운만 따라준다면 이 시기를 이용해서 풍성한 경험을 할 수 있을 것이다.

5장
죽음을 받아들이는 지혜

죽음에 임박해서 어떻게 해야 할지 모르더라도 걱정할 필요는 없다. 대자연이 때가 되면 무엇을 해야 하는지 전부 그리고 적절히 알려줄 것이다. 당신을 위해서 대자연은 완벽하게 자기 역할을 해낼 것이다. 죽음에 대해서 미리부터 고민하지 말라.

― 미셸 드 몽테뉴 ―

01

사후에 대한 집착

오, 위협적인 지옥과 희망적인 천국이여!
적어도 확실한 한 가지는 인생이 덧없이 빠르다는 점이다.
이 한 가지가 확실할 뿐 나머지는 그릇된 믿음이다.
꽃은 딱 한 번 만개하고 영원히 죽는다.
이상하지 않은가? 그렇게 많은 사람들이
우리를 앞서 죽음의 문턱을 넘었지만,
아무도 되돌아와서 그 길에 대해 이야기 해주지 않는다,
그 길에 대해 알려면 우리도 마찬가지로 여행을 떠나야 한다.
― 에드워드 피츠제럴드, 《오마르 카이얌의 루바이야트》 중에서

모든 전통 문화에는 사후에 대해 집착했던 흔적이 남아 있는데 전통에 따라서 그 집착의 흔적이 다르게 나타난다. 종교에서는 육신을 떠나 인생의 다음 단계로 여행을 떠나는 영혼에 주목한다. 티베트 불교에서는 망자의 영혼이 죽음을 거쳐 다시 환생한다고 믿는데 바로 승려가 그 안내자 역할을 한다. 기독교에서는 수호천사가 죽은 사람의 영혼을 천국으로 데려간다고 믿는다. 그리고 종교와는 상관없이 모든 문화권에서는 장례식을 치러 유족들의 상심을 위로한다. 때로는 이러한 장례식이 무척 화려하게 진행되기도 한다.

사후 세계에 관한 믿음은 대다수 문화권에서 공통적으로 나타나는 현상이다. 만사를 과학으로만 풀려는 환원주의 성격이 강한 서구 문화에서만 거의 유일하게 죽음이 끝이라는 믿음을 고집한다. 순전히 물질주의적인 개념으로 생명의 탄생과 죽음을 해석하려던 시도는 거의 우리 세대가 처음이 아닌가 싶다. 그렇다면 사후의 세계가 과연 존재할까?

우리 모두는 조만간 이러한 질문에 봉착할 것이다. 신체의 이런저런 기능이 중지했다고 이것이 인생의 완전한 끝을 의미할까? 단지 신체 기능이 멈추었다고 해서 의식과 영혼마저 죽는 걸까? 우리가 마지막 숨을 내쉰 뒤에도 의식이 어떤 형태로든 계속해서 존재하지는 않을까? 그렇다면 죽음은 삶의 마침표가 아니라 위대한 인생 여정

의 영속일 수 있다. 어쩌면 생물학적 죽음이란 우리의 의식이 정해진 짧은 시간 동안 기능을 다하고 잠이 드는 게 아닐까? 그리고 우리는 단지 그 잠에서 깨어나길 원하지 않는 것이 아닐까?

햄릿은 "이 죽음의 고리에서 벗어나고 난 다음에는 무슨 꿈을 가질 수 있을까요?"라고 근심스레 질문을 한다. 육체는 가고 영혼만 남는 걸까? 아니면 영혼이 다른 사람이나 동물, 하등 생물로 다시 태어나는 걸까? 이러한 의문에 사로잡힌 채 인간은 다음과 같은 질문에 오랫동안 해답을 찾아왔다. 과연 사후 세계라는 것이 존재할까?

여러 세기에 걸쳐서 탁월하고 창조적인 능력을 지닌 많은 인물이 존재의 다른 차원을 직접 경험한 적이 있다고 주장했다. 스베덴보리나 블레이크, 융, 루돌프 슈타이너 등이 대표적인 인물이다. 이밖에도 힌두교나 기독교, 이슬람교를 비롯한 다양한 전래신앙을 가진 모든 신앙인을 포함해서 헤아릴 수 없이 많은 사람들이 불멸의 영혼과 환생, 각각의 사후 세계를 신봉하여 왔다.

피터와 엘리자베스 펜윅은 《죽음의 기술(The Art of Dying)》에서, 우리를 사랑했던 존재가 되돌아와서 우리가 이승에서 저승으로 넘어가는 동안 보살펴준다고 주장한다. 데이비드 로리머는 자신의 저서 《생존? 육체와 정신, 죽음의 심리 체험(Survival? Body, Mind and Death in the Light of Phychic Experience)》을 통해 임사(臨死) 체험이나 유체이탈 같은 민감한 주제를 다룬 연구를 소개한다. 아울러 소걀 린포체의 《삶과 죽음을 바라보는 지혜》와 펠리시티 워너의 《평온한 죽음 : 평화롭게 죽음을 맞이하도록 도와주는 안내서》도 추천할 만하다. 이 책들은 죽음을 어떻게 받아들여야 하는지에 관한 친절하고 감명을 주는 안내서이다.

어쩌면 시인이자 화가인 윌리엄 블레이크의 임종 순간에 관한 이야기가 위안을 줄 수도 있겠다. 목격자의 증언에 따르면 블레이크는 침대에 누워서 마지막 순간을 기다리던 중이었다. 그는 갑자기 '할렐루야'와 '기쁨과 승리의 노래' 같은 찬송가를 부르기 시작했으며, 곁에서 그 모습을 지켜봤던 블레이크 부인은 음조나 노랫말 모두 진정 장엄한 분위기를 풍겼다고 술회했다. 블레이크에 대한 전기를 처음으로 쓴 알렉산더 길크리스트가 계속해서 임종 당시의 상황을 들려준다.

"블레이크는 친구들에 대한 소중한 추억이 깃든 평범한 내실에서 가락에 맞추어 찬송가를 불렀습니다. 친구들에게 그 방은 차분하고 즐거운 담소를 나누면서 블레이크의 숭고하고 비할 데 없는 고결한 인품에 감화를 받곤 하던 장소였지요. 블레이크는 누워서 가락에 맞추어 노래를 읊조렸고, 노래 가사와 가락 둘 다 그 순간에 받은 영감을 표현한 것이었지만 예전처럼 종이에 옮겨 적지는 않았습니다. 경건한 노래가 끝나고 블레이크는 여름날 오후 6시쯤에 평온한 모습으

로 고통 없이 숨을 거두었습니다. 바로 곁에서 임종을 지키던 부인조차 그가 죽는 순간을 정확하게 알지 못했을 정도로 평화로운 죽음이었습니다. 미망인과 유일하게 함께 자리를 지켰던 이웃집 여인은 임종을 지켜본 다음에 이렇게 말했습니다. '제가 본 것은 한 남자의 죽음이 아니라 축복받은 천사의 죽음이었습니다.'"

블레이크의 경우는 확실히 위안을 주는 사례이다. 그렇지만 오늘을 사는 현대인으로서 사후세계 개념을 바라보는 나의 시각은 여전히 회의적이다. 이러한 시각은 내 친구들의 믿음을 정면으로 반박하는 것이다. 하지만 믿지 않는 것을 의도적으로 믿을 수는 없는 일이다. 게다가 그 친구들조차 서로 생각이 제각각이다. 최근에 남편을 잃은 한 친구는 편지를 보내와 사후세계의 확실성에 대한 자신의 믿음을 거듭 확인해주었다.

"그이의 죽음은 무척 당혹스러운 현실이었어. 그래도 난 내 남편이 병이나 고통에 시달리지 않고 갑작스럽게 떠나가서 기뻤어. 마지막 순간까지 즐겁게 살다가 간 거야. 그런 생각을 하면 훨씬 위로가 돼. 그리고 최근 몇 년 동안 영적인 영역의 문턱까지 함께 탐험했다는 사실이 많은 도움을 주고 있어. 그이가 숨을 거둘 때 나는 분명히 알 수 있었어. 그이는 마치 옷을 벗듯이 더 이상 필요가 없어진 낡은 육신을 버리고 다른 차원으로 자유롭게 날아갔지. 나는 그이의 영혼이 주변에 있는 걸 확실히 느낄 수 있어."

거의 동시에 또 다른 친구에게서 편지가 왔다. 그 친구 역시 최근에 남편을 떠나보냈는데 내가 애도를 표해준 것에 대한 감사의 편지였다. 편지에서 그녀는 남편의 죽음이 영적인 삶의 새로운 시작이 아니라 완전한 끝, 즉 궁극적인 소멸이었다는 점을 분명히 했다. 그렇다면 둘 중에 어느 말을 믿어야 할까? 어떻게 해야 이 뿌리 깊은 신비의 진실을 알 수 있을까? 아마도 그 때가 오길 기다렸다가 직접 확인해보는 수밖에는 없을 것 같다.

한편, 삼라만상이 무의미한 우연이 아닐진대 어떻게, 왜, 무슨 목적으로 그 모든 것이 시작되었을까? 사람들은 보다 심오한 이유가 분명히 있을 거라고 생각하지만 나는 정녕 그것이 무엇인지 모르겠다. 1972년에 발사된 미국 우주선 '파이어니어 10호'가 내가 이 글을 쓰고 있는 곳에서 이미 110억 킬로미터나 떨어진 곳에 있다는 사실이 무슨 소용이 있을까? 나는 이런 문제들을 어떻게 볼지 아무런 기준이 없다. 따라서 어떤 사람들의 믿음처럼 죽음이 종말이나 지속, 통로 또는 심판을 의미하는지도 알 수가 없다.

02

죽음에 관한 다양한 관점

뭐든지 배워야만 알 수 있다.
말하는 것도 그렇고 죽는 것도 마찬가지다.
― 귀스타브 플로베르

일반적으로 새로운 생명은 죽은 자들의 삶을 바탕으로 성장한다. 부처는 이론적인 지식만 추구하는 행위를 시간이나 생활 에너지를 낭비하는 것으로 여겼고 나 역시 그러한 생각에 동의한다. 그러므로 알 수 없는 미래에 대한 부질없는 형이상학적 고찰을 하느라 시간을 낭비하기보다는, 현재의 삶을 어떻게 사는 것이 최선인가라는 덜 흥미롭긴 하지만 더 까다로운 주제에 대해 숙고하는 편이 오히려 낫다고 생각한다.

사후세계를 다루는 종교는 매우 다양하지만 이들 종교에 대한 안내서는 쉽게 찾아볼 수 없다. 기독교에서는 세상에 종말이 오면 예수가 재림해서 우리 중에 누가 하나님과 함께 천국의 기쁨을 누릴 자격이 있는지, 또는 누가 지옥에서 영원한 형벌을 받아야 하는지 결정할 거라고 믿는다.

프랑스 오튕에 있는 성 라자로 성당에는 이러한 최후의 심판에 관한 그림이 있다. 좀 더 유명한 그림으로는 미켈란젤로가 바티칸의 시스틴 예배당에 그린 최후의 심판이 있다. 사실 최후의 심판을 소재로 하는 그림은 수없이 많다. 영국만 하더라도 서리(Surrey)의 첼돈(Chaldon)에 있는 지역 교회를 포함하여 꽤 많은 교회에 동일한 주제의 중세시대 그림들이 전해지고 있다.

이슬람교에도 최후의 심판이 등장한다. 최후의 심판일이 도래하면 인간은 그동안 살아온 방식에 따라 심판을 받는다. 심판을 받고 난 각각의 영혼에게 주어지는 미래는 둘 중 하나이다. 선한 영혼은 낙원에 살면서 이승에서 쌓은 선행에 대한 보상을 받는다. 그들이 머무는 낙원은 육체적, 정신적 기쁨을 제공하는 높은 저택과, 강이 흐르고 풍성하게 열매를 맺는 나무로 가득한 비옥한 땅, 맛좋은 음식과

달콤한 음료수가 존재하는 공간이다. 반대로 사악한 영혼은 지옥에서 끔찍하기 이를 데 없는 벌을 받는다. 이 지옥에는 깊이에 따라 다양한 불구덩이가 있으며 가장 깊은 곳에 자리 잡은 구덩이에는 끓는 가마솥이 있다.

사후세계에 대한 믿음(Al-Akhirah)은 이슬람교에서 절대적으로 중요하다. 따라서 사후세계를 의심하는 어떤 행위도 이슬람교의 토대인 알라의 말씀을 부정하는 것으로 간주된다.

다른 여러 종교도 사후에 일어나는 일에 대해서 각자의 다양한 관점을 갖고 있다. 힌두교에서는 시간을 직선이 아닌 원이라고 믿는다. 한 번의 삶을 사는 것으로 인생이 끝나지 않는다. 최후의 궁극적인 상태에 도달할 때까지 수없이 다시 태어나며 환생이라고 불리는 과정을 되풀이한다. 따라서 힌두교도에게 죽음은 재앙이 아닐뿐더러 의식의 소멸도 아니다. 단지 긴 인생 여정 중에 자연스럽게 발생하는 현상이며 영혼이 진화하는 과정의 일부일 뿐이다. 힌두교에서 지향하는 목표는 끝없이 반복되는 이 윤회의 사슬로부터 해방되는 것이다.

아시아에서 널리 알려진 윤회 이론은 많은 불교 신자들 역시 신봉하고 있는 이론이다. 아주 간단히 말해서 윤회는 인간이 한 번 이상의 삶을 사는 것이다. 이외에도 불교에는 사후세계와 관련해 대중적으로 널리 알려진 다양한 이론이 있다. 그 중에 하나가 영혼의 전생에 관한 교리이다. 모든 영혼은 사후에 다른 육신으로 들어가며 들어간 육신의 종류에 따라 동물이나 사람으로 태어난다. 또한 업보라는 개념이 있는데 이것은 윤리적 인과관계의 법칙이며, 이생에서 행한 선하거나 악한 행동에 따라 다음 생에서 주어지는 삶의 조건이 결정된다고 보는 개념이다.

서구 문화처럼 세속적인 문화에서 죽음은 사실상 금기시하는 주제이다. 그만큼 사람들의 마음을 끌어당기는 매력적인 주제이기도 하다. 대부분의 사람들은 임종을 지켜보는 것은 고사하고 죽은 사람을 직접 본 적도 별로 없을 것이다. 집에서 임종을 맞이하는 경우는 좀처럼 드물다. 그리고 의학은 임종 과정에서 불쾌한 부분을 제거하기 위해 가진 바 모든 능력을 유감없이 발휘한다. 서서히 변화의 움직임이 생기고는 있지만 집에서 임종을 맞는 일이 일상적인 추세가 되려면 아직 멀었다.

죽음을 바라보는 시각이 바뀌기 어려운 이유 가운데 일정 부분은 특히 도시에 거주하는 사람을 포함해 많은 사람이 인간과 자연의 상관관계를 더 이상 인식하지 못하기 때문이다. 인간과 자연을 별개라고 생각하는 것이다. 어쨌거나 우유는 플라스틱 병에 담겨 나오고 도살장을 직접 구경해본 사람도 거의 없는 게 현실이다.

인간에게 죽음이란 좀처럼 삶의 자연스런 일부분으로 받아들일

수 있는 필연적인 현실이 아니다. 단지 어떤 대가를 치르더라도 가능하면 피하고 싶은 끔찍하게 무서운 것에 불과하다. 따라서 죽음이란 주제를 피하려 하고 본인은 물론이고 결국에는 누구도 피해갈 수 없는 일이라는 사실도 잊으려고 한다. 사랑하는 사람을 떠나보낸 후에 찾아오는 무력감과 당혹감으로 인한 압박감이 죽음이란 주제 자체를 왜곡하고 있는 듯하다. 그로 인해 살아남은 사람들은 죽음에 대해 부정적인 생각을 갖게 되었는지도 모른다.

하지만 어느 정도 평정심을 가지고 죽음을 직시하는 사람도 있다. 특히 자신이 너무 오래 살았다고 느끼는 경우에는 감사하는 마음이나 여유로운 마음으로 죽음을 받아들일 수도 있을 것이다. 아마도 정말 현명한 사람이라면 죽음을 필연적인 과정이라고 생각하는 동시에 장례식을 축복과 애도를 받는 시간이라고 생각할 것이다.

03

죽음을 받아들이는 법

천하에 범사가 기한이 있고

모든 목적이 이룰 때가 있나니

날 때가 있고 죽을 때가 있으며

심을 때가 있고 심은 것을 뽑을 때가 있으며

죽일 때가 있고 치료시킬 때가 있으며

헐 때가 있고 세울 때가 있으며

울 때가 있고 웃을 때가 있으며

슬퍼할 때가 있고 춤출 때도 있다.

― 전도서 3장 1절~4절

죽음을 준비하는 일은 결코 쉬운 일이 아니다. 그래서 임종을 앞둔 사람은 스스로는 물론이고 자식들이 아무런 준비 없이 자신의 죽음을 맞이하게 하기도 한다. 하지만 사정이 있어서 자신의 장례식에 대한 포괄적인 계획을 남길 수 없다면, 최소한 유해는 어떻게 해주길 원하는지 유지를 문서로 작성해 두어야 한다. 자신의 유해를 매장할 것인지, 화장할 것인지 또는 집이나 호스피스, 병원 등 어디에서 임종을 맞고 싶은지에 대한 결정을 가족에게 떠넘기지 말아야 한다.

임종을 앞둔 사람이 그렇지 않은 사람보다 죽음에 대해 훨씬 현실적이고 철학적인 시각을 가지고 있을 수 있다. 그들과 죽음에 대한 이야기를 나누다보면 때로는 매우 측은한 생각이 들 수도 있다. 하지만 늘 그런 것은 아니다. 그들에게 배워야 한다. 임종을 지키면서 살며시 손을 잡아주는 것만으로도 충분히 많은 것을 배울 수 있다.

죽음을 앞두고 아직 정신이 멀쩡한 상태에서 미셸 드 몽테뉴는 죽음에 대해 두려움을 느끼는 사람들에게 이렇게 말했다.

"죽음에 임해서 어떻게 해야 할지 모르더라도 걱정할 필요는 없다. 대자연이 때가 되면 무엇을 해야 하는지 전부 그리고 적절히 알려줄 것이다. 당신을 위해서 대자연은 완벽하게 자기 역할을 해낼 것이다. 죽음에 대해서 미리부터 고민하지 말라."

04

장례식

> 죽는 법을 배운다면 사는 법도 배우게 된다.
> — 미치 앨봄, 《모리와 함께 한 화요일》 중에서

우리 조상들은 유해를 사랑과 두려움, 경외감, 존경으로 대했다. 내가 시립 화장터에서 일괄적으로 진행되는 장례 의식에서 본 것처럼 거북한 방식으로 대하지 않았다. 종교적 장례 의식을 선택한 유족들 중에는 아무런 신앙이 없지만 달리 대안이 없는 사람도 있을 것이다. 단지 가족을 잃은 비극과 침통함으로 겁에 질려 있을 것이다. 과거의 문명이나 오늘날 인도나 그리스, 시칠리아에서 망자를 배웅하는 의

식은 아일랜드 마을에서 망자를 배웅하는 방식과 완전히 다르다.

죽음과 관련한 문제에 있어서 소모적이지도 않고 보다 개인적인 방식을 되찾고자 하는 사람들은 자연에 묻히길 선택할 것이다. 녹색 장례와 자연장, 수목장에 대한 관심이 점차 늘고 있으며 이러한 선택은 허례허식에 대한 창조적인 대안으로 떠오르고 있다. 또한 이것은 죽음을 앞두고 할 수 있는 가장 가치 있는 선택이기도 하다.

똑같은 장례식은 하나도 없다. 장례식은 고인의 나이나 수양 정도, 재산 정도에 따라 다양하다. 경우에 따라서 어떤 장례식은 조용하게 치러지기도 하고 흥겨운 분위기에서 치러지기도 하며 허술하거나 화려하게 치러지기도 한다.

점점 나이가 들어서 장례식에 갈 일이 늘어나긴 하지만 최근 몇 년 동안 내가 장례식에 참석한 횟수는 채 10번이 될지 모르겠다. 서너 번 정도는 기억에 남을 정도로 매우 특별한 장례식이었던 것 같다. 물론 친구의 장례식이었기 때문에 어느 정도는 더욱 특별하게 느꼈을 수도 있다. 하지만 해당 장례식이 진행되는 장소와 구성도 장례 의식의 진지함 만큼이나 중요하게 작용한다.

나는 플리머스 태생의 사회복지사 메리 토마스가 무덤에 들어가는 것을 배웅하며 들려오던 플루트 소리를 지금도 생생하게 기억한다. 정말 절대 잊을 수 없을 정도로 아름다운 플루트 솔로 연주였다. 런던 첼시 구 교회에서 치러진 친구 화가 세실 콜린스의 장례식에서 의식이 끝났음을 알려주던 신바람 나는 노래도 기억난다. 그 노래는 번연의 명시 '순례자(To Be a Pilgrim)'에 곡을 붙여 만든 노래였다. 또한 노스요크셔무어 고스랜드의 한 마을 교회에서 있었던 다른 친구 도로시 셰라트의 조용한 장례식도 기억한다. 당시 아내의 죽음이 절대 그대로 끝이 아니라는 확신에 차 있던 친구 남편의 모습이 지금도 눈에 선하다. 친구 남편은 자신이 내세에서 반드시 아내와 다시 만나게 될 거라고 말했다.

하지만 애석하게도 내가 참석했던 어떤 장례식은 나와는 전혀 맞지 않는 환경에서 치러졌다. 녹색 자갈 틈에서 자란 장미 화단으로 둘러싸인 화장터는 비인간적으로 보이기까지 했다.

피터 레비가 지적한 것처럼 오늘날에는 전 세계적으로 녹지가 사라지고 있다. 장례식은 절친한 친구와 작별하는 순간이기도 하지만 녹색 장례를 통해 품위 있게 환경 개선에 일조할 수 있는 마지막 기회이기도 하다. 우리는 고인을 위해서 기도를 해야 하지만 동시에 남은 자를 위해서도 기도해야 한다.

한 번은 오래된 동네 교회에서 열린 이웃 노인의 장례식에 참석한 적이 있었다. 조문객이 무척이나 많은 장례식이었다. 고인은 음악과 전통, 지방사(地方史)를 좋아하던 사람이었고 장례식 전반에 걸쳐서

재차 그가 좋아했던 것들을 확인할 수 있었다. 우리는 네 명의 건장한, 하지만 나이든 장의사가 운구하는 동안 바흐 코랄을 들으면서 시편 39장과 90장에 나오는 아름다운 구절을 암송했다.

"주여, 주는 대대로 우리의 거처가 되셨나이다. 산이 생기기 전, 땅과 세계도 주께서 창조하시기 전 곧 영원부터 영원까지 주는 하나님이시니이다."

"내 구속자께서 살아 계시는 것을 내가 아노니 마지막 날에 그분께서 땅 위에 서시리라. 내 살갖의 벌레들이 이 몸을 멸할지라도 내가 여전히 내 육체 안에서 하나님을 보리라. 내 콩팥이 내 속에서 소멸될지라도 내가 직접 그분을 보리니 다른 것이 아니요, 내 눈이 바라보리로다."

매장 기도가 끝나고 회중은 묘지로 이동했고 그곳에는 최후의 안식 장소가 준비되어 있었다. 그곳에서 우리는 고개를 숙여 묵념을 하고 장식된 꽃들을 감상했고 한줌씩 흙을 뿌리면서 먼저 간 친구를 추모했다. 생기 넘치는 새들의 노랫소리가 들렸다.

나는 시골에서 치러졌던 다른 장례식들을 떠올렸다. 그 중에 하나는 시인이자 자연주의자인 테레사 휘슬러의 장례식이었다. 그녀는 돌튼에 있는 한 마을에서 인생의 대부분을 보냈다. 다른 장례식도 생각났는데 도예가인 마릴린 하이드의 장례식이었다. 떼제 성가와 함께한 장례식이 끝나고 그녀는 내가 아는 한 가장 아름다운 교회 묘지에 묻혔다. 바로 모웬스토라는 곳이다. 그곳은 콘월 출신의 시인인 R. S. 호커 목사의 고향이며 근처에는 하얀 포말이 부서지는 대서양과 콘월 절벽이 있다. 두 장례식은 모두 생전에 고인이 즐겼던 조용하고 성실한 삶을 보여주었다. 그리고 두 사람 모두 흔히 '추도 연설'이라고 불리는, 친구나 가족이 고인에 대한 추모사를 낭독하는 의식을 통해 배웅을 받았다.

 공식 기도문과 함께 품위 있는 언어로 진행되는 절제되고 따뜻한 장례식을 통해 고인을 매장하는 우리 방식과는 별도로, 나는 인도 바라나시를 여행하면서 갠지스 강가에 있는 마니카르니카 가트라는 유명한 화장터를 방문했던 첫 날 아침을 기억한다. 마니카르니카 가트에서 본 장례식은 확실히 전혀 달랐다. 거기에는 경외감을 불러일으키는 어떤 힘이 있었다.

 바라나시와 유사하게 죽음을 대하는 도시는 이 지구상에 또 없을 것이다. 때로는 수천 명에 달하는 노인들이 날마다 죽음을 맞이하기 위해 이곳을 찾는다. 그 노인들은 갠지스 강에서 몸을 씻고 떠오르

는 태양을 보며 기도한다. 갠지스 강을 따라 즐비하게 늘어선 호스피스 중 한 곳에 묵으면서 이곳에서 죽음을 기다린다. 오후의 도심에서는 언제나 노랫소리가 들렸다. 장례를 치르는 사람들이 화장터로 시신을 운구하면서 부르는 찬가였다.

화장터에 도착하면, 황금색 천으로 감싼 시신이 장작더미 위에 모셔지고 다비식이 시작된다. 매캐한 연기가 가득하고 밤하늘이 붉게 타오르는 마니카르니카는 잉글랜드 남서부에 있는 데번 주 북쪽의 따뜻한 장례식 풍경과는 상상력을 동원해야 할 정도로 극명한 차이를 보인다.

바라나시는 베나레스(Benares) 또는 카시(Kashi)라고도 불리는데 이곳에서는 죽음을 애도하고 슬퍼하는 행동이 고인을 불행하게 만든다고 생각한다. 더불어 카시에서 죽음을 맞이하면 이승에서 환생의 고리를 끊을 수 있기 때문에 그 자체로 커다란 축복이라고 믿는다. 따라서 장례식은 거의 무미건조한 분위기 속에서 진행된다.

노년의 품격

노인의 죽음은 도서관 하나가 사라지는 것과 마찬가지다..
— 아프리카 속담 —

현대에 들어서 우리는 미래를 항상 젊은이들의 문화적 전유물이라는 측면에서만 생각해왔다. 하지만 삶의 기술을 발전시키고 우리에게 최고의 지혜를 주는 사람은 바로 노인들일 수도 있다.

01

품위 있게
늙는다는 것

젊은이가 가진 아름다움은 우연히 타고나는 것이지만
아름다운 노인은 인위적인 노력에 의해 만들어진다.
— 앨리노어 루즈벨트

내가 이 책을 쓰기 시작한 것은 대략 1년 전이었다. 글을 쓰는 동안 많은 노인을 만났고 나이듦에 대한 다양한 책을 읽었으며 몇 명의 절친한 친구들을 떠나보내기도 했다. 또한 오래전에 돌아가신 아버지의 손처럼 내 손에도 주름이 지는 것을 지켜보았다.

이러한 과정을 거치면서 내가 노화에 대해 내린 결론은 무엇일까?

노화는 정말 다양하게 그리고 그 정도도 다르게 진행되기 때문에 게다가 개인마다 조금씩 차이가 있기 때문에, 나는 애초에 기대했던 것보다 그다지 많은 것을 알아낼 수 없겠다는 결론을 내렸다.

노화는 기분 나쁘고 실체가 없는 두려움의 대상이다. 상당 부분이 환경적인 요소에 의해 좌우된다. 경제적인 능력에 따라 다르고 건강이나 마음가짐, 야망이나 포기에 따라 다르고 물론 유전자에 따라서도 다르다. 불과 얼마 전에 나는 생의 마지막 순간까지 왕성한 호기심과 활력을 유지하다가 89세의 나이로 생을 마감한 지극히 재능이 많았던 사람의 장례식에 다녀왔다. 하지만 이제 이러한 행운은 더 이상 선택받은 사람의 전유물이 아니다. 점점 더 많은 사람들이 80대나 90대에 이르러서도 놀랄만한 일들을 성취한다.

내 가장 오랜 친구 중에 한 명은 불행하게도 병상에 누워 있다. 수술이 불가능한 암으로 고통 받고 있는 그녀는 좀처럼 먹거나 움직일 수도 없다. 최악의 상황으로 가지 않도록 병을 관리하고 있지만 현실적으로 그녀는 주어진 인생을 반도 누리지 못하고 있다. 그녀는 굴욕적인 삶을 지속하는 것과 평화롭게 그 모든 것을 끝내는 것 중에서 선택할 수 있다면 죽고 싶다고 말했다.

이처럼 우리에게 주어진 가능성의 스펙트럼은 기억을 통째로 잃는 것처럼 정말 무서운 일부터 평화롭고 갑작스런 죽음에 이르기까지

정말 극단적이다. 그리고 이런 양극단의 사이에 대부분 우리가 원하는 대로 통제할 수 없는 다양한 운명이 폭 넓게 존재한다.

노화는 다양한 방식으로 우리를 찾아온다. 때로는 평화로운 방식으로 올 수도 있고 때로는 끔찍한 방식으로 찾아오기도 한다. 노화가 끔찍한 방식으로 진행되면 아무것도 원하는 대로 할 수 없는 경우가 있을 수 있다. 또한 외로움을 느끼거나 죽음에 대한 공포를 느낄 수도 있으며 심신이 병들거나 우울하게 짓눌려 있을 수도 있다.

그렇다고 해도 여전히 할 수 있는 일들이 있다. 하지만 그 전에 자신의 불행한 상태를 받아들이기 위해 최대한 노력해야 한다. 마음에 드는 상황은 아니더라도 냉정하게 인정해야 한다. 자신의 우울한 처지에 대해 저주하고 운명을 거슬리려 하는 것은 무익하고 품위 없는 행동이다. 그대로 받아들여야만 한다. 이를 위해서는 비범한 수준의 불굴의 정신과 흔들리지 않는 냉정함, 도전적인 용기, 영웅에 버금가는 대담함이 필요하다. 또한 불평 없이 고통을 감내한 수많은 사람들이 보여준 영웅적 행동이 필요하다. 나는 질병과 모욕, 외로움을 품위 있고 용기 있게 견뎌내는 모든 사람에게 영웅을 대하듯이 경의를 표한다.

02

세상의 경이로움

> 하나의 모래알에서 천국을 본다.
> ― 윌리엄 블레이크

나이가 드는 데서 발생하는 문제를 완화할 수 있는 다른 방법도 있다. 간단하고 보편적으로 적용 가능하며 무료인데다가 무척 재미있는 방법이다. 바로 더도 덜도 없이 세상만사의 숨겨진 경이로움을 감상하는 것이다.

최근 들어서 나는 괴로움이나 중압감을 느끼고 약간은 주눅이 들기도 한다. 단지 나이가 들고 몸이 노쇠해져서 일어나는 현상이 아닌

가 싶다. 아니면 혹시 다른 이유가 있는 건 아닐까? 원인이 무엇인지, 무엇이 내게 이런 무력감을 불러오는지 모르겠다. 하지만 이런 느낌은 처음 찾아왔을 때와 마찬가지로 신기하게 바로 오늘 아침에 사라졌다. 침실 커튼을 젖히는 순간 아침 햇살 때문에 나는 잠시 눈이 부셨고 내가 완전히 새롭게 바뀐 것 같은 느낌을 받았다. 이처럼 근사한 세상의 일부라는 기분 좋은 느낌이 온몸을 휘감았다.

그렇다. 일상적인 일출이 특별할 이유는 전혀 없다. 그럼에도 그 일출은 내게 기적이나 다름없었다. 우리가 언제 어디에 있더라도 세상은 경이로운 현상으로 가득 차 있다. 사과나무 꽃이 만발한 과수원과 초원을 덮고 풍성하게 피어있는 하얀색 데이지 꽃이 바로 기적이다. 맨 벽으로 둘러싸인 이 좁은 공간에 비치는 햇빛과 내 얼굴에 대고 킁킁거리고 있는 고양이도 모두 기적이다. 담요를 꼬옥 움켜쥔 아기의 손가락 역시 기적이다.

사방이 온통 기적으로 넘쳐난다. 비록 평범하지만 무척이나 아름답고 소중한 기적들이다. 아름다움은 자연이 우리 모두에게 아무런 대가를 바라지 않고 제공한 선물이다. 그리고 그 아름다움을 체득하는 순간이 아마도 인생에서 가장 황홀한 순간일 것이다.

노령에서 오는 우울한 기분을 덜어내도록 내가 해줄 수 있는 또 다른 제안은 전혀 새로울 것도 없는 짧은 금언이다. 실제로 이 금언은 매우 오래되었지만 지금까지도 그대로 사용되고 있다.

"네가 누리고 있는 것에 감사하라."

우리는 감사해야 할 것들이 정말 많다. 우리가 먹는 음식과 당연한 것으로 생각하는 안락함, 친구들과 주고받는 우정에도 감사해야 한다. 알 수 없는 개인적인 운명의 전환점에 이르러 우리는 사랑과 단순한 친절을 베풀거나 받으면서 이 인생의 고비를 헤쳐나가는 데 절대적으로 필요한 도움을 받을 수 있다.

마르셀 프루스트는 "우리는 지혜를 지니고 태어나지 않는다. 지혜란 누구도 면제해 주거나 대신해 줄 수 없는 긴 여정을 통해서 스스로 찾아야 하는 것이다."라고 말했다. 그 여정이란 성장하려는 그리고 사랑하고자 하는, 탐험하고 창조하려는 노력이다. 또한 언제든 우리가 잠시만이라도 알아주기를 기다리고 있는 기적을 발견하려는 노력이다.

나는 오직 내가 경험을 통해 배운 것만 이야기할 수 있다. 그리고 그런 경험을 통해서 내 인생에 나만의 색깔을 입힐 수 있었다. 내가 좀 더 고달픈 삶을 살았더라면, 상대적으로 안락하고 만족한 삶이 아니라 불행과 비극으로 점철된 삶이었다면, 지금쯤 근본적으로 다른 이야기를 늘어놓고 있었을 지도 모른다.

하지만 나는 그렇게 생각하지 않는다. 재능을 타고 났든 아니든 행

운을 타고 났든 아니든 상관없이, 환경에 적응하고 경험을 통해 배우며 선천적인 한계를 받아들이는 능력과 자신의 천성에 조화를 이루어 사는 능력은 모든 성공적인 노화를 결정한다.

미국인 외과의사 셔윈 B. 널랜드는 이렇게 주장했다.

"일반적으로 노인이라고 알려진 나이가 되는 것은 인생의 또 다른 발전적 단계로 들어서는 것이다. 다른 모든 삶의 단계와 마찬가지로 노화는 육체적 변화와 깊은 근심, 치료 불가능한 우울증을 가져오기도 하지만 희망적이고 낙관적인 생각을 갖기에 충분한 이유를 제공하기도 한다. 말하자면 노화에는 얻는 것과 잃는 것이 있다는 뜻이다. 여기에서 '발전적'이란 말은 중요한 의미를 갖는다. 대부분의 다른 동물과 달리 인간은 생식이 가능한 나이보다 한참을 더 오래 살고, 사는 내내 발전을 거듭한다. 우리가 인생의 꽃이라고 생각하는 중년기를 생각해보면 이 말이 사실임을 알 수 있다."

우리는 70세를 넘긴 이후의 인생에 대해서도 가치 있게 생각해야 한다. 그리고 그 기간에도 계속해서 발전해나가야 한다. 스스로를 알아가는 데 이 시간을 써야 한다. 자신의 정체성과 운명, 왜 살아야 하는지를 고민하고, 삶을 즐길 줄 아는 근사한 능력을 발휘해야 한다. 또한 살아있다는 사실을 자축하고, 호기심이나 낙천주의 같이 행복한 삶으로 이끌어주는 원동력을 더욱 활성화시켜야 한다.

하지만 나이가 들면서 그동안 당연하게 여겼던 어떤 일이 갈수록 힘들어진다. 자발적인 행동이나 젊음의 패기, 이름을 기억하는 일이나 새로운 친구를 사귀는 일, 보수적인 태도를 지양하는 일 등도 그런 것 가운데 하나이다. 마찬가지로 과거처럼 정력적으로 행동하기도 점점 힘들어진다. 모순적이게도 어떤 사람들은 보다 많은 해방감이나 긴장이 완화되는 것을 느끼기도 하고 성격이 더 밝아지기도 한다. 그로 인해서 일부 비범하게 창조적인 사람들은 말년에 일생에서 가장 획기적인 작품을 내놓기도 한다.

  내 경우에는 노년에 들어 깊은 정적 속에서 평화를 얻고자 하는 욕구와 갈망을 발견했다. 나는 아무런 일도 하지 않고 방에서 고요하게 앉아 있을 때 가끔씩 행복하다고 느낀다. 아울러 과거에 좋아했던 것을 더욱 깊이 있게 즐기게 되었다. 나는 헨델의 음악을 무척 좋아했다. 하지만 과거에 알지 못했던 면을 발견한 요즘처럼 좋아했던 적은 없었던 것 같다. 친구들에 대한 느낌도 마찬가지이다. 그 어느 때보다 친구들을 이해하고 그들의 개성을 인정한다. 며칠 전에는 풀로 덮인 좁은 공터를 발견했는데 그곳을 보면서 커다란 즐거움을 느꼈다. 세상을 보는 법을 배우기 전이었다면 검은 흙을 수놓고 있는 여리고 가냘픈 새싹의 완벽한 아름다움을 결코 알아볼 수 없었을 것이다.

03

세상을 활기차게 걷기

> 근본적으로 신(神)은 높이 승격된 아버지다.
> ― 프로이트

한 친구가 내게 감동스런 특별 헌사를 보내주었다. 그 헌사는 저자이자 비평가인 존 그로스에게 바쳐진 내용이었고, 존 그로스의 아들이면서 2010년에 시 부문에서 T. S. 엘리엇 상을 수상한 필립 그로스가 쓴 것이었다. 짧지만 애정 어린 '나의 영웅'이라는 헌사에서 필립 그로스는 자신의 아버지가 어떻게 청력을 잃었는지 묘사했다.

❀ ❀ ❀

처음에는 새소리부터 시작되었습니다. 이제는 주로 자동차 소리를 혼동하십니다. 차 문을 쾅 닫으면 아버지는 총소리라도 들으신 양 깜짝 놀라십니다. 이것은 단순히 비유하고자 하는 말이 아닙니다. 65년 전 끔찍한 전쟁이 끝나갈 무렵에 아버지는 총알을 피하면서 유럽 곳곳을 돌아 다니셨습니다.

하지만 그 이야기도 이제는 들을 수 없는 이야기 중에 하나가 되었습니다. 아버지는 언어 능력을 상실하셨기 때문입니다. 한때 3~4개 국어를 구사했지만 경미한 뇌졸중을 연달아 겪으신 후로는 말을 못하게 되셨습니다. 사람 목소리를 들을 수도, 말할 수도 없게 된 상황을 상상할 수 있나요? 그런 상황이 되면, 글을 읽으려 해도 아주 가까이 놓고 띄엄띄엄 겨우 읽을 수 있을 뿐입니다. 그마저도 2~3 단어가 넘어가면 머릿속이 온통 뒤죽박죽이 되어 버리지요.

아버지, 용기를 내세요. 생각할 수 있는 모든 말을 짜내서 세상에게 멋지게 말을 걸어보세요. 앞으로 용감하게 나서야 합니다. 퀘이커교도인 조지 폭스가 일찍이 말했듯이 '세상을 활기차게 걸으세요.'

저는 한 번도 효도라는 말을 깊이 생각해본 적도 없거니와 영웅을 존경할 줄도 몰랐습니다. 그리고 아버지가 그 전쟁에서 용감한 분이

셨는지, 또는 단순히 한 인간에 불과하셨는지 모릅니다. 하지만 지금 아버지를 뵙고 있노라면 그리고 아버지가 노년을 보내고 계신 모습을 뵙고 있노라면…… 나는 당신이 약간은 영웅답다고 생각합니다.

❁ ❁ ❁

같은 맥락에서 나는 또 다른 사람의 이야기를 소개하고자 한다. 그는 일반적으로 영웅시되는 사람은 아니지만 내게는 분명한 영웅이다.

화가 피에르 보나르는 2차 세계 대전이 지속되는 동안 프랑스 남부 르 카네에 있는 자신의 집 '빌라 뒤 보스케'에 숨어 있었다. 그의 삶은 간소하고 소박했지만 말년으로 갈수록 깊은 슬픔이 가득했다. 절친한 친구들이 죽고 곧이어 아내까지 숨을 거두면서 그는 외로움과 커다란 슬픔에 빠졌다. 또한 음식과 석탄이 부족해서 추위와 배고픔에 시달렸다. (카르티에 브레송이 1944년 겨울에 찍은 사진을 보면 말년의 보나르가 연료를 아끼기 위해 코트를 입고 몸을 떨고 있다.)

십여 년 동안 보나르는 자신의 정원을 주제로 신비로울 정도로 아름다운 그림을 그렸고 마지막 작품인 '꽃이 핀 아몬드 나무(Amandier en fleur)'에 이르러 절정에 달했다. 전쟁이 끝난 다음에 거동도 불편해지고 그림을 그리기엔 너무 노쇠해진 보나르가 조카 샤를 테라스에게 그 그림을 약간 수정해 달라고 주문했다. "녹색으로 칠한 바탕색이 잘못 되었구나. 노란색으로 칠해야 하는데……" 며칠 후인 1947년 1월 23일에 보나르는 숨을 거두었다. 향년 82세였다.

가슴 한편에 전쟁으로 인한 고통 ─사람들이 집단 수용소에 수감되었고, 베를린 전투에서 수많은 사상자가 발생했으며, 드레스덴과 다른 독일 도시에 폭격이 가해졌고, 히로시마와 나가사키가 파괴되었고, 태평양 연안의 이오지마에서 끔찍한 전투가 있었다.─을 안고 있었지만 이 고독하고 늙은 남자는 자연에 대한 자신의 관점을 충실하게 유지했고 그 관점은 삶의 영광과 부활을 축복하고 있다.

'꽃이 핀 아몬드 나무'는 풍성함을 표현한 그림이다. 또한 삶에 대한 본능적인 찬미이자 자연의 원기 왕성함과 풍요를 기뻐하는 노래이다. 이 끔찍한 전쟁기간에 보나르 자신은 정작 고통과 혼돈 속에서 살면서도, 지구상에 존재하는 모든 생명체의 미래에 대한 믿음의 징표를 남겨두었다. 보나르가 남긴 마지막 선물은 절망이 아닌 축복이었다. 아울러 그가 남긴 궁극적인 메시지는 현실주의가 아닌 구원이었다.

05

삶에 대한
애착을 가져라

삶은 끊임없는 기쁨일 수 있고,
또한 항시 그러해야만 하는 것이다.
— 레프 톨스토이

이 책의 결론을 어떻게 내릴지 고민하다가 나는 흔히 그러하듯이 해답이 바로 내 코앞에 놓여 있다는 사실을 깨달았다. 최근까지 나는 오직 예술적인 관점에서만 보나르를 생각했다. 하지만 불현듯 보나르의 인생 이야기가 훨씬 더 많은 것을 들려주고 있으며 노년을 충만하게 살 수 있는 가능성을 보여주고 있다는 생각이 들었다. 보나르는 노년에 인생의 기적 같은 순간을 통해 경험한 경이로움을 사회에 되돌려주고자 헌신하는 삶을 살았다.

소로는 충고한다.

"삶이 아무리 냉혹하더라도 우리는 삶을 직시하고 살아가야 한다. 삶을 회피하려 들지도 말고 저주하려 들지도 말자. 초라하면 초라한 대로 자신의 삶을 사랑하자."

또한 빈센트 반 고흐는 이렇게 말했다.

"나는 늙거나 추해지고, 초라해지고 약해지며 가난해지는 만큼 더욱 더 눈부시고 조화로우며 화려한 색으로 그에 복수하고자 한다."

보나르는 지난 세기의 가장 위대한 화가 중 한명으로 기억될 것이다. 하지만 이제 그가 내게 중요한 이유는, 용기와 더불어 목표를 향한 일편단심과 감사하는 마음으로 외로움과 역경에 맞선 노인이었기 때문이다. 나는 보나르가 진정한 인간적인 존재의 모범이자 기준이라고 생각한다.

현대에 들어서 우리는 미래를 항상 젊은이들의 문화적 전유물이라는 측면에서만 생각해왔다. 하지만 삶의 기술을 발전시키고 우리에게 최고의 지혜를 주는 사람은 바로 노인들일 수도 있다.

7장

멋지게 나이든 사람들의 짧은 이야기

이제부터 소개하려는 사람들은 내 생각에 충실한 삶을 살았거나 때로는 고무적인 삶을 산 사람들이다. 우리에게 알려진 사람이든 아니든, 스스로 성취감을 찾고 타인을 이롭게 하는 길을 탐험했거나 탐험하고 있는 사람들이다. 이들 모두는 창의적인 용기를 보여주는 본보기이다. 또한 어떻게 삶이 끝나는 마지막 순간까지, 치인 애어츠가 말한 대로 '영혼이 박수를 치며 좋아하는 일'을 하며 살 수 있는지 보여주는 본보기이다.

01

전문 경험으로 봉사하는
피터 애슈턴

인생은 하루하루를 보내는 것이 아니고
하루하루를 내가 가진 무엇으로 채워가는 것이다.
— 존 러스킨

아내와 나는 웨일스 중부에 있는 작은 접경 도시인 몽고메리에서 50년 남짓 살고 있다. 몽고메리셔의 주도였던 몽고메리는 13세기에 지어진 성의 유적 아래쪽에 자리 잡고 있으며 지금도 성벽 잔해가 남아있다. 겨우 1,000명 남짓한 인구가 살고 있는 이 도시는 목재로 지은 오두막과 아름다운 교구 교회가 있고, 브로드가(街)를 따라 조지 왕조 시대 건물들이 늘어서 있는 역사가 깊은 도시이다.

내가 의사로 부임해왔기 때문에 우리는 다행히 마을 사람들과 금방 친숙해졌고, 곧 마을 사람은 물론이고 마을 외곽에 있는 농장 사람들까지 거의 다 알게 되었다. 나는 은퇴 이후에도 예전에 의사 대 환자로 만났던 사람들과 계속해서 친분을 유지하고 있다. 아내인 진과 나는 젊은 친구들뿐 아니라 많은 유쾌한 노인들과 알고 지내면서 그들과의 교제를 즐긴다. 우리 부부는 4명의 자식과 12명의 손자손녀가 있으며 가족을 통해 많은 행복을 찾는다.

내 나이? 나는 79세이지만 좀처럼 나이를 잊고 산다. 어떻게? 매우 간단하다. 매 순간을 음미하는 것이다. 의식적으로 현재를 자각하려고 노력해야 한다. 우리는 앞을 내다보면서 예측을 할 수 있다. 또한 뒤를 돌아보면서 후회를 할 수도 있다. 하지만 내 충고는 그냥 있는 그대로 삶을 즐기라는 것이다.

나는 늙는다는 것은 마음가짐의 문제이며, 환경에 적응하고 창조적으로 생각하며 긍정적으로 살고 다른 사람에게 적극적으로 관심을 가지려는 의지의 문제라고 믿는다. 나 역시 이러한 목표를 이루고자 노력한다. 비록 그 목표가 어렵기는 해도 우리는 날마다 새로운 것을 배울 또 다른 기회를 얻는다.

나는 우리 삶이 신앙을 통해 경험하고 수용하는 영원한 사랑 안에

존재한다고 믿는다. 그리고 아주 가끔씩 아름다움과 사랑을 통해 이러한 진실을 발견하기도 한다. 또한 하늘과 땅이 교류하는 경우에도, 슬픔과 기쁨이 기묘하게 동화되는 순간에도 이러한 진실을 발견한다. 나는 이러한 순간들이 제공하는 평화와 현실을 경험하면서 우리가 차츰 생을 마감할 준비가 되어간다고 믿는다.

나는 지역 교회와 밀접한 관계를 맺고 있다. 그리고 은퇴한 이후로는 기독교 치유에 대한 이해를 높이기 위해 조직된 '에이콘 크리스천 힐링 파운데이션'에 소속되어 있다. 또한 기독교인과 의료업 종사자를 묶어주는 '카드판(CADFAN)'이라고 불리는 지역 단체를 운영하며, 종종 그와 관련한 행사를 주관하기도 한다.

여기에 더해서 나는 마을에 '케어 홈'이라는 복지시설을 만드는 계획에도 참여하고 있다. 수년이 지난 지금 이 계획은 어느 정도 완성 단계에 도달해 있다. 우리는 컴퓨터 동호회를 위한 장소도 제공하고, 노인들이 만나서 함께 식사할 수 있는 공간도 제공하면서 이 시설이 지역사회에 밀착되도록 할 예정이다.

우리는 감사할 것이 정말 많다.

02

약속된 땅에 사는
바바라 블랙맨

제 삶의 원동력은 호기심입니다.

— **바바라 블랙맨**

올해로 81세가 된 바바라 블랙맨은 내가 1988년에 시드니를 방문했을 때 알게 된 여성이다. 그녀는 대본 작가이자 아동 심리학자, 화가의 모델, 잡지 칼럼니스트, '신체 장애 출판인'을 위한 라디오'의 제작자, 오스트레일리아 국립 도서관의 구술 역사가로 일했으며, C. G. 융 소사이어티와 오스트레일리아 연방 맹인 협회 회원이기도 했다. 커피를 마시며 현대 음악을 듣거나, 퍼스(Perth, 오스트레일리아 웨스턴

오스트레일리아의 주도)로 여행 다니는 것을 좋아하는 그녀는 혼자만의 시간을 즐기기도 하지만 그에 못지않게 세 명의 자녀와 여섯 명의 손자손녀와 함께 있는 것도 좋아한다. 물리적인 거리로 인해 인터뷰가 어려웠기 때문에 바바라는 자신의 삶에 대해 다음과 같이 편지를 보내왔다.

✿ ✿ ✿

저의 어머니는 96세까지 사셨는데 90세가 되시던 해에 요양원에서 제게 편지를 보내셨답니다.

'오래 살려고 노력해라. 그리고 자신과 주변을 정리해야 한단다.'

어머니는 현명한 분이셨고, 저는 순종적인 딸이었지요.

제게는 엘라 에버리라는 90세가 넘은 친구가 있는데, 지난 50년 동안 그랬던 것처럼 꾸준히 지역 신문사를 운영하고 있습니다. 전에는 지역 연극 단체도 운영했는데 최근 들어서 그만두었지요. 그녀는 80세가 넘은 이후로 인쇄매체나 영상매체로부터 잦은 '관심'을 받고 있답니다. 지금은 자신에게 '관심'을 보이는 매체를 이용해서, 그녀가 사는 오지 마을에서 너무 느리게 운전하거나 비뚤어지게 주차한다는 이유로 80대 운전자의 면허증을 취소하려는 움직임에 대해 반대 운동을 펼치고 있습니다. 저는 몇 해 전에 그녀에게 크리스마스카드를 보낸 적이 있었어요. 저는 열정에 가득차서 들뜬 마음으로 카드에 이렇게 적었지요. '노년은 정말 멋지지 않아요?' 그녀는 '아니요. 괴로울 뿐이지요.'라고 답장을 보내왔더군요.

저는 오스트레일리아의 수도이자 '정원 도시'라는 별칭을 갖고 있지만 세상에 그다지 알려진 게 없는 캔버라로 7년 전에 이사를 왔습니다. 인구가 채 35만 명이 되지 않는 이 도시에는 대학이 4개나 되고, 국립 화랑과 박물관, 도서관, 전쟁 기념관, 국립 기록보관소, 영상과 음향 협회를 비롯해 많은 3세대 노인교육대학(U3A, University of the Third Age) 강의와 성가대가 있답니다. 물론 호숫가나 때로는 도로변에서 캥거루도 흔하게 볼 수 있지요.

학계나 외교계, 의학계, 기타 전문직 또는 농장 일에서 은퇴한 사람들은 밤이 되어야 집에 갈 정도로 노년에도 정력적인 삶을 살고 있습니다. 우리 집은 '시수(Sisu)' 호수가 보이는 곳에 있으며 사랑하는 자연과 문명의 모든 것을 가까이하면서 생의 마지막 순간을 보내기에 정말 멋진 장소랍니다. 시수란 핀란드 말로 '지속력' 또는 '지속할 수 있는 에너지'라는 뜻이에요. 저는 이곳에서 정말 좋은 친구들을 사귀었고, 멋진 행사에도 참여했으며, 훌륭한 연설이나 음악을 들었고, 소풍도 다녔습니다.

문득 존 센트리(John Santry)라는 화가가 생각납니다. 그는 1930년대에 신문 일러스트로 화가의 삶을 시작한 사람으로, 저는 구술 역사가로 일하던 시절 그와 인터뷰를 했던 적이 있습니다. 존 센트리는 인터뷰를 마치며 '내게 삶이란 하나의 오랜 소풍이었습니다. 때로는 우울하고 궂은 날도 있었지만 그때마다 내게는 피난처가 있었지요. 나를 받아준 모든 사람에게 감사해요.'라고 말하더군요.

저는 두 번 결혼했습니다. 처음엔 오스트레일리아의 유명한 화가인 찰스 블랙맨과 결혼해서 30년을 살았고, 두 번째 남편과는 20년을 살았지요. 그 밖에 연애 경험도 두 번 있습니다. 한번은 결혼 전이었고 다른 한번은 두 번째로 결혼하기 전이었지요. 네 번 모두 내가 끝내자고 해서 내 손으로 정리했으며 그들과는 또 다른 의미의 사랑을 키워가고 있어요. 지금도 그 4명과는 친구로 지내고 있고 만날 때마다 여전히 사랑으로 서로를 포옹해준답니다. 사랑은 또 다른 사랑으로 대체될 뿐, 어떤 변화에도 사라지지 않아요.

기독교적인 환경 속에서 전통을 중시하며 자란 때문인지, 저는 70세에는 모든 것을 정리하고 떠날 준비가 되어 있어야 한다고 늘 주장합니다. 그 나이가 되면 죽어야 하기 때문이 아니라, 얼마든지 그보다 더 오랫동안 이 세상에 살 수 있기 때문입니다. 우리는 70세 이후의 새로운 삶을 위해 재차 자신을 준비해야 합니다. 아마도 저의 어머니께서 노년을 '약속된 땅'이라고 부른 것도 그런 이유 때문이라고 생각해요. 인생에서 해야 할 일을 끝내고 나면 더 이상 미래에 대한 무거운 짐을 짊어지지 않아도 된다는 것을 설명하려고 하셨던 것 같습니다. 제대로만 일을 해두었다면 미래는 저절로 굴러갈 테니까요. 캔버라는 제게 약속의 땅입니다. 이곳으로 오려던 제 계획은 원래 일정에서 3년이나 지연되었습니다. 늦어진 그 3년간의 세속적인 삶은 마치 산을 하나 옮겨야 하는 것처럼 제게는 정말 힘들게 느껴졌답니다.

오스트레일리아의 수도로 이사하면서 저는 시민으로서 어떤 것을 느꼈습니다. 제가 그토록 아낌없이 받았던 것들을 원래 있던 곳으로 돌려줘야겠다는 생각이 들었지요. 저 혼자서 감상했던 위대한 그림들을 공공 화랑으로 돌려주었고, 제가 짐처럼 느꼈던 남은 재산을 오케스트라와 강의 개설을 위한 목적으로 사용했습니다. 이것이 바로 장수함으로써 누릴 수 있는 기쁨입니다. 내가 덜어낸 짐이 세상을 돌아가도록 도와주는 과정을 내 눈으로 직접 확인할 수가 있어요.

시수 호숫가에 있는 집은 제게 딱 적당한 크기입니다. 정원은 앞이 탁 트여 더욱 넓어 보이고, 좁은 화단으로 둘러싸인 덕분에 땅은 온통 초록과 꽃이 만발한 느낌을 주며, 크고 작은 파티를 열기에 충분할 정도로 넓어요. 하나 있는 손님방은 거의 언제나 누군가가 머물고 있고, 저는 위층에 있는 밝고 햇살이 드는 방에서 글을 쓰며, 멋진 스

피커가 언제나 크고 깨끗한 음질로 음악을 들려주지요. 이미 인생의 황혼기에 들어선 제게 '수용과 명상, 공부'는 여전히 중요한 화두로 남아있답니다.

저는 예전 가구를 마치 박물관이라도 차릴 것처럼 전부 다 갖고 있지 않아요. 오랫동안 좋아했던 가구를 저보다 젊은 친구들에게 나눠 주었고, 그 친구들 집을 방문하면서 그 가구들을 감상하지요. 제가 가구를 조화롭게 배치하기 위해서 중요하게 생각하는 기준은 그 가구와 삶을 함께한 사람들과의 인연입니다.

지금도 갖고 있는 길고 폭이 좁은 소파는 제가 어릴 때 아버지께서 병으로 돌아가실 때 누워계셨던 곳입니다. 주름이 있는 등나무 의자에서는 어머니께서 제게 젖을 먹이셨으며, 다용도 테이블에서는 테이블을 손바닥으로 쳐가면서 수많은 논쟁과 비사가 오갔고 와인과 국물도 수없이 엎질렀지요. 제임스 1세 때 만들어진 서랍장은 캠든 타운 노상 시장에서 싸게 얻은 것이고, 의자들은 내가 1968년에 처음으로 발간한 수필집 ≪어떤 의자≫에 등장하는 것들입니다. 벽에 빼곡하게 걸려있는 그림들은 첫 번째 남편이 그린 것들이고 제가 직접 구한 그림들도 있지요. 저는 행복합니다. 제가 사는 이곳에서는 행복한 일들이 끊이질 않아요.

우리 집에는 비밀의 방이 있습니다. 비록 차고지만 저는 그곳을 기록 보관실로 만들었답니다. 그동안 저는 기억할 필요가 있는 것들을 종이에 적어서 보관해왔답니다. 그리고 그렇게 모아온 서류와 편지, 메모지, 필사본 등을 상자에 담아서 이 기록 보관실에 보관해요. 제가 살아온 또 다른 삶의 기록을 누가 될지는 모르지만 제 후대를 위해 모두 분류를 해두었답니다.

우리 집처럼 제 안에는 비밀의 방이 여러 개 있는데 각각의 방마다 이제는 제게 익숙해진 슬픔이 들어있답니다. 아버지를 잃은 슬픔과 어린 시절부터 시작되어 인생의 절반 이상을 완전한 시각 장애인으로 살아야했던 슬픔, 자식들이 멀리 살거나 바빠서 손자손녀를 자주 만날 수 없는 슬픔도 들어 있지요.

이러한 슬픔 덕분에 어쩌면 알지 못했을 환희의 순간도 경험했습니다. 저는 우정과 지혜를 나눠주며 아버지 역할을 대신해준 훌륭한 어른들도 계시고, 평범한 사람이 사는 세상과는 '다른 세상'에서 즐거움도 누리며 살아왔습니다. 그 세상은 가시적인 것에만 집착하는 사람은 볼 수 없는 그리고 라디오와 오디오북이 즐거움과 정보를 주는 곳이지요. 침묵과 고독은 초록의 문을 지나서 존재하는, 헤아릴 수 없을 정도로 커다란 정원입니다. 많은 아이들이 저와 따뜻한 포옹과 이야기를 나누고, 비밀이나 농담, 모험 등을 공유하며 친구가 되어주었어요. 그 덕분에 할머니를 의미하는 '나나'라는 말이 다른 어떤 '할

머니'라는 단어보다도 친밀하게 느껴진답니다.

  노령이 되면 우리는 진정 탐험가가 됩니다. 제게는 고령의 현명한 친척이 한 분 있었어요. 그녀는 저의 정신적 스승이자 동시에 가장 엄격한 비평가였으며, 제가 누구보다 사랑한 분이었습니다. 아버지의 사촌이었음에도 우리는 그녀가 70세가 되던 해에 처음 만났고, 이후로 30년 동안 멋진 우정을 쌓을 수 있었어요. 그녀는 자신이 이승에서의 삶은 이제 충분하게 즐겼고, 따라서 죽음은 정말 흥미롭고 새로운 경험이 될 거라고 입버릇처럼 말했습니다. 그리고 100세가 되던 해에 마치 결혼식에 임하는 신부처럼 죽음을 맞이했습니다. 그녀는 제게 희망을 주었어요. 사무엘 베케트의 소설에 등장하며 책 전반에서 죽음에 관해 이야기하는 말론처럼, 어떻게든 삶의 마지막 순간까지 활기차게 살려고 노력하면서 말이에요. 그녀는 정말 그렇게 살았답니다.

03

지루할 틈이 없는
엠마 브로페리오

만족할 줄 아는 사람은 진정한 부자이고
탐욕스러운 사람은 진실로 가난한 사람이다.
― 솔론

    이탈리아 옴브리아 주에 있는 고대 언덕 도시 구비오는 수수하고 돌이 많은 고장이며 97세인 마르케세 엠마 브로페리오의 고향이다. 엠마는 현재 자신이 살던 옛 아파트에 딸려있는 관리실의 좁고 세간도 별로 없는 단칸짜리 방에서 살고 있다. 그녀는 최근까지 인접한 시내 중심가로 쇼핑을 다녔다. 요즘 들어서는 그 지역에 거주하는 두

명의 여인에게 의지하고 사는데, 그 중 한명은 거의 70세의 나이로 그녀를 돕고 있다. 그녀가 내게 말했다.

"나는 이것저것 다양한 일을 즐겨요. 독서를 하고 뜨개질을 하며 이탈리아어로 된 책을 영어로 옮기거나 또는 영어를 이탈리아어로 옮기지요. 하지만 대부분은 나 스스로를 건사하는 일에 시간을 보낸답니다. 나는 혼자 사는 게 좋아요. 누구랑 같이 사는 걸 좋아하지 않지요. 필요한 건 모두 다 있고 할 일도 무척 많답니다. 예전에 비해 무척 느려지기는 했지요. 하지만 절대 외롭지 않아요."

내가 보기에 이 꿋꿋하고 활발한 노부인은 지루함이란 의미 자체를 모르는 것 같다. 기억력도 훌륭하고, 활력이 넘치며, 사람을 끄는 매력이 있다.

"나는 행복한 삶을 살았고 많은 사람들이 갖지 못한 것을 가졌어요. 친구와 친척도 있고 돈도 넉넉하며 누구나 원하는 정도로 최소한의 안락함을 누리고 살지요."

이 자유로운 영혼의 소유자는 이탈리아에서 태어나, 이탈리아는 물론이고 인도와 영국에서도 오랜 시간을 살았다. 그녀는 두 번 결혼했고 3명의 자녀가 있지만, 지금은 정적과 단조로움이 특징인 좁은 집에서 혼자 사는 데 만족하고 있다. 엠마 브로페리오는 노년을 기도에 헌신하는 시간으로 간주한다. 그녀는 프란체스코 제3회 소속이다. 프란체스코 제3회는 성 프란체스코 시대에 살았던 선인들처럼 그리스도를 증거하면서 기도와 희생을 중심으로 하는 최대한 단순한 삶을 살고자 하는 사람들이다.

엠마는 일주일에 한 번씩 교회에 가는데 우리가 만나기 바로 전날에 중대한 수술을 받은 손녀를 위해 감동적인 기도문을 읊기도 했다.

"나는 교회만 있으면 충분해요. 하느님과 이웃을 사랑하는 것, 그것뿐이에요."

내가 인생에서 더 이상 바라는 게 있는지를 묻자, 엠마가 단호하게 대답했다.

"그럼요. 바로 영혼의 평온함이죠. 살아있는 동안에는 우리가 지닌 재능을 활용해야만 해요. 무슨 일이든 일단 일을 벌여야 하지요. 그 다음엔 계속해 나가는 일만 남아요. 그렇지만 자신에게 주어진 재능을 가장 잘 발휘할 수 있는 방법을 찾고 자신이 옳다고 믿는 것에 따라 살아야 해요. 일상생활에서는 건강을 지키는 일이 가장 중요해요. 자신을 단련시키고 스스로에게 솔직해야 하지요."

그러면서 엠마는 탑에 대한 단테의 말을 인용했다. 탑은 바람에 저항해 싸우면서 아무리 바람이 거세도 절대적인 평정을 유지한다는 내용이었다. 요컨대 우리는 똑바로 버티고 서서 일시적인 환경의 변화나 외부 압력에 의해 절대로 흔들리지 말아야 한다는 것이었다.

"오늘날의 세상은 정말 안쓰러울 지경이에요. 사람들은 돈이 아무런 깊이 있는 만족을 제공하지 못한다는 사실을 모르는 거 같아요. 재물과 성공이 좋은 것임에는 틀림없어요. 하지만 재물이나 성공은 일단 우리의 손에 들어오는 순간 곧바로 매력을 잃고 말아요."

나는 그녀에게 100세까지 살기를 바라는지 물어보았다.

"나는 100살까지 살고 싶지는 않아요."

이 노부인은 정말 자기주관이 뚜렷한 사람이었다.

04

아주 특별한 에너지를 지닌
메리 쿠즈너

인생에서 원하는 것을 얻기 위한 첫 번째 단계는
내가 무엇을 원하는지 결정하는 것이다.
― 벤 스타인

아내의 부모님이 살던 마을인 웨스트워드 호(Westward Ho)에 도착해서 깔끔하게 정원이 조성되어 있는 방갈로식 사유지로 들어서자 메리가 부엌에서 설거지를 하며 부르는 흥겨운 콧노래 소리가 들려왔다. 그녀는 사람을 행복하게 만드는 매력이 넘쳐난다. 평생을 간호사로 일한 그녀는 다른 사람을 도와주면서 만족을 얻는 사람이다.

이제 90세가 된 메리는 외향적인 아주 특별한 에너지를 지닌 여인이다. 또한 사람들이 말하는 것처럼 '아주 건강한' 사람이다. 메리는 독서와 뜨개질,(그녀는 수천 벌의 카디건과 스웨터를 만들었다고 말했다) 요리, 십자말풀이, 여행, 연극 관람을 좋아하고, 규칙적으로 정원 손질을 하며, 때때로 한두 잔의 위스키를 즐긴다. 운전? "당연히 좋아하죠." 그리고 불과 3~4년 전까지 파도타기를 즐겼다.

"이제는 은퇴했어요. 조용히 있거나 사색하고, 기도를 하며 음악, 특히 모차르트와 베토벤을 듣는 데 더 많은 시간을 쓰고 있지요. 하지만 내 삶에서는 다른 무엇보다 사람이 중요해요. 나는 사람들을 굉장히 많이 좋아하거든요."

메리가 사람들을 좋아하는 직접적인 이유는 가톨릭 신앙 때문이며 그녀는 신앙생활을 통해 깊은 위안을 얻는다.

"나는 매일 미사를 드리고 묵주 기도를 해요. 신앙은 내게 가야할 길과 진실, 인생을 가르쳐 주었고, 믿음이 흔들린 적은 몇 번 있었지만 단 한 번도 심각하게 내 신앙에 대해 회의를 가져본 적은 없어요. 신앙은 내게 늘 올바른 해답을 주었고, 앞으로도 끝까지 그럴 거예요. 내 삶의 모토는 아주 단순하답니다. 언제나 즐겁고 밝게 사는 것이지요. 나는 인생을 최대한 즐기고 날마다 낙천적인 생각을 갖기 때문에 절대로 뒤로 물러나 앉아서 저승사자가 오기만을 기다리지 않아요. 정말 그래요. 나는 살아있다는 사실을 진정 감사하게 여긴답니다. 살아 있다는 사실이 정말 좋아요."

메리가 계속해서 말했다.

"어머니와 이모들 세 분은 모두 간호사였고 나는 평생 그분들 발자취를 따라 걸었어요. 1936년부터 정형외과 간호사 교육을 받기 시작해서 바르톨로뮤 병원에서 조산술에 대한 포괄적인 훈련을 받았어요. 그리고 플리머스에서 보다 고급 과정인 왕실 간호 훈련을 받았고, 이후 4년 동안 타비스톡에서 방문 간호와 조산술을 더 배웠지요. 그런 다음 배터시에서 다시 보건 훈련을 받고, 20년간 이곳 노스 데번 지역을 담당했으며 지금까지 살고 있지요.

아, 맞아요. 50년대에는 몰타에서 5년간 일하면서 멋진 시간을 보내기도 했어요. 결혼도 하고는 싶었지만 간호사로 일하는 것만큼 진정 내 마음을 잡아끄는 사람을 만나지 못했어요. 만약 신께서 내일 당장 나를 부르신다면 나는 정말 멋지고 행복한 삶을 살았다고 말할 수 있어요. 진심이에요.

맞아요, 나는 점점 늙어가고 있어요. 나도 알고 있어요. 그래도 아직 내 나이가 실감이 나질 않아요. 그런데 당신을 보니 내가 늙은 것 같기는 하군요. 우리는 오직 우리에게 주어진 시간에만 우리가 할 수 있는 일을 할 수 있어요. 예전과 비교하면 나는 점점 행동이 둔해

지고 있지요. 하지만 나는 과거보다 지금에 이르러 사람들의 문제를 훨씬 잘 이해하고 있다고 믿고 싶어요.

'길의 끝을 향해서 올바른 방향을 유지하라.'

인간인 이상 죽음을 피할 수는 없어요. 하지만 죽음은 나머지 긴 여정에서 단지 새로운 시작에 불과해요. 내 말을 믿어 봐요. 앞으로 다가올 일이 정말 많답니다."

05

96세의 도예가
마리안 데 트레이

일은 그 자체로도 즐거울뿐 아니라
그것이 쌓여 점차 우리 존재를 완성하는 기쁨의 근원이 된다.
— 버틀랜드 러셀

영국 제국 훈장을 받은 96세의 마리안 데 트레이는, 데번 남부에 있는 다팅턴 마을의 평화로운 돌산에 숨겨진 단층짜리 통나무집에서 혼자 살고 있다. 원래는 영국 도예기술 부흥 운동의 창시자인 버나드 리치가 오두막집을 지어서 살던 근처에 마리안은 50년 전부터 본인의 작업장을 갖고 있다. 통나무집은 소박한 살림살이를 갖춘 검

7장 멋지게 나이든 사람들의 짧은 이야기 ••• 189

소한 건물이었다. 몇 점의 아름다운 17세기 가구가 있었고, 도자기와 종교, 철학에 관한 책이 조금 있었으며, 가장 눈에 잘 보이는 화덕 위에는 그녀의 전남편이 그린 활력이 넘치는 수채화가 걸려 있었다. 마리안의 전남편 샘 하일은 도예가이자 화가였는데, 교통사고로 39세에 사망했다. 재앙과도 같은 남편의 죽음과 1957년에 발생한 화재로 도기 제조소가 파괴되는 시련을 겪었지만 남달리 독립적인 성격을 지닌 마리안은 결코 흔들리거나 주춤거리지 않았다.

1913년에 스위스인 부모 밑에서 태어난 마리안은 이제 작품의 질은 물론이고 나이로도 일부 유명한 도예가들을 능가했다. 이를테면 루시 리는 93세까지 살았고 버나드 리치는 92세까지 살았으며 쇼지 하마다는 84세, 마이클 카듀는 82세로 사망했다. 도예 기술 하나로 공헌도를 인정받아서 마리안은 2006년에 영국 제국 훈장을 받았다. 그녀의 말에 타고난 낙천주의적 성격이 잘 드러난다.

✿ ✿ ✿

나는 항상 운이 좋았어요. 언제 어떤 고난이 덮쳐도 항상 극복할 수 있었죠. 맞아요, 젊은 시절에 비해서 이제는 행동이 느려지고 손으로 쓴 글씨는 너무 작아서 잘 보지도 못해요. 하지만 신경 쓰지 않아요. 삶은 계속해서 흥미진진하거든요. 언제나 새롭게 시도할 일이 생기고 전에는 몰랐던 새로운 것을 발견해요. 도자기를 만들다보면 똑같은 점토가 없고 가마에 따라서 또 어떤 연료를 쓰는가에 따라서 도자기마다 모두가 제각각이에요. 더구나 유약을 합성하는 작업은 지극히 복잡해서 잠재적으로 실험해야 할 것들이 끝이 없답니다.

언제나 더 좋은 도자기가 탄생하기 마련이지만 슬프게도 이제는 너무 늙고 육체적으로도 힘들어서 내가 더 이상 좋은 도자기를 만들 수 있을지는 의문이에요. 그렇지만 나는 그동안 정말 운이 좋았어요. 열정적이고 헌신적인 학생들이나 견습생들과 함께 내가 좋아하는 일을 오랫동안 해왔으니까요. 맞아요, 언제나 새롭게 시도할 일이 있기 마련이죠.

아무것도 할 일이 없는 사람은 불행하다고 생각해요. 아무것도 할 일이 없다고 생각하는 사람도 마찬가지지요. 오감은 우리들 대부분이 가지고 있는 감각이고, 반드시 사용되어야 하는 것들이에요. 어머니는 내게 정원을 돌아다니며 식물에 대해 배우도록 가르치셨어요. 아버지는 노력하는 법과 내 능력을 이끌어내는 법을 가르쳐주셨죠.

요즘 들어서 나는 정원 일을 많이 할 수 없어서 걱정이에요. 무릎을 꿇고 앉아 있다가 일어나려면 굉장히 힘들거든요. 하지만 요리만큼은 내가 직접 하고, 정말 멋진 친구들도 갖고 있어요. 혼자서는 더

이상 목욕을 하지도 못하고 의자에 앉아서 그대로 잠이 들기도 하지만 걱정할 일은 아니라고 생각해요. 나는 여전히 이 모든 일상을 무척이나 즐기고 있거든요.

맞아요, 뉴스나 위기설 등을 접하면서 우울해지기도 해요. 그래도 나는 미래를 낙천적으로 생각한답니다. 삶은 정말로 흥미로워요. 사후 세계를 믿지는 않지만 앞날에 대해 크게 걱정하지도 않아요. 그냥 우리에게 주어진 것을 최대한 이용하자고요. 그것만 해도 정말 만만치 않은 일이에요.

06

94세의 정신분석학자
게르트루트 훈지케-프롬

> 위대한 정신은 위대한 정신에 의해 형성된다.
> 다만 그것은 동화에 의한다기보다는 오히려 알력에 의한다.
> 다이아몬드가 다이아몬드를 연마하는 것이다.
> ― 하인리히 하이네

게르트루트 훈지케-프롬은 94세의 나이로 취리히 지방의 조용하고 숲이 우거진 언덕에서 살고 있다. 그녀는 자신의 아름다운 정원을 보여준 다음에 우리를 은제 용기와 우아한 접시, 달콤한 딸기 케이크가 놓인 테이블로 안내했다.

게르트루트는 정신분석학자로 현역에서 일하고 있으며, 그녀의 남편이자 화가인 막스 훈지케가 약 30년 전에 죽은 이후로는 동료인 우르술라 쿤츠와 함께 살고 있다. 또한 정신분석학자이자 사회 비평가인 에리히 프롬과 미술사학자인 에른스트 곰브리치의 사촌이기도 하다. 그녀는 천천히 이야기를 시작했고 그 모습이 마치 철학자처럼 보였다.

❁ ❁ ❁

나는 경우에 따라서 늙었다고 느낄 때도 있지만 아직 젊다고 느낄 때도 있어요. 이미 오래 전부터 새로운 계획을 세우지 않았고 더 이상은 한창때처럼 빨리 움직일 수도 없어요. 물론 다시 한 번 그때처럼 되고 싶은 마음은 간절하죠. 하지만 움직임이 느려지는 것도 노화의 일부인 만큼 받아들이고 살아요.

노화에도 여러 가지 장점이 있어요. 나는 한창때보다 지금 매 순간을 훨씬 더 보람되게 살고 있어요. 젊은 사람도 매 순간을 충실히 사는 건 마찬가지겠지만 지금의 나만큼은 아니라고 생각해요. 나이를 먹어가면서 아름다움의 진가를 더욱 잘 이해하게 되었어요.

내 기억력에 대해서 말하자면, 좋을 때도 있고 나쁠 때도 있어요.

관심 있는 것은 잘 기억하지만, 관심이 없으면 금방 잊어버려요. 이를테면 세금 같은 것 말이에요. 맞아요, 지금도 나는 여러 가지 활동을 통해서 다양한 나이를 경험해요. 특히 슈베르트 음악을 들으면 내 자신이 젊게 느껴지죠. 나는 일주일에 한 번은 슈베르트의 4중주를 듣던 가정에서 자랐어요. 슈베르트의 음악에 대해서 잘 알고 있죠. 하지만 슈베르트의 4중주나 8중주를 그토록 많이 들었어도 마치 생전 처음으로 듣는 것처럼 느낄 때가 많아요.

사후 세계 문제에 대해서는, 글쎄요, 나는 잘 모르겠어요. 다른 수많은 문제처럼 미해결 문제로, 미스터리로 남겨두어야 하는 게 아닐까 생각해요. 내가 그렇다는 말은 아니지만 어떤 사람들은 매사를 전적으로 확신해요. 하지만 난 아직까지 그들이 말하는 신이 구름 위에서 옥좌에 앉아있는 모습을 한 번도 본적이 없을 뿐이에요. 내가 왜 고양이를 좋아할까요? 똑같아요. 뚜렷한 해답이 없는 문제죠.

예전과 비교해서 화를 내는 경우도 확 줄었어요. 나는 인정을 받든 아니든 크게 신경 쓰지 않아요. 사람들이 나에 대해서 하는 이야기들을 심각하게 받아들이지 않아요. 사랑은 이 세상에서 설명이 필요 없는 유일한 에너지에요.

노년은 열린 마음으로만 대한다면 그리고 그것을 받아들이기만 한다면 인생에서 아주 멋진 기간이에요.

내가 가장 좋아하는 게 뭔지 알아요? 정말 많아요. 내 정원에 머무는 시간도 좋아하고, 목초지와 산을 걷는 것도 좋아해요. 좋은 음악을 듣고, 훌륭한 그림을 감상하며, 유익한 책을 읽는 것도 좋아하죠. 최근에는 마이스터 에크하르트의 책과 17세기 독일 신비주의 시인 앙겔루스 질레지우스의 시집 《십자가의 성 요한》을 읽고 있어요. 시인 레기나 울만을 만날 수 있었다면 정말 좋았을 거예요. 아무튼 배우고 즐길 것이 정말 많다는 말이에요.

❋ ❋ ❋

우리가 떠나기 전에 게르트 훈지케는 죽은 남편의 작업실을 구경시켜 주었다. 크고 조용한 작업실에는 그녀의 남편이 그린 인상적이고 강렬한 그림들이 있었다. 그 그림들은 마치 잠자는 숲속의 공주처럼 대중이 알아주고 키스해 주기를 기다리고 있는 듯 보였다.

07

83세의 시골 지킴이
딕 조이

> 내가 전국을 돌아다니며 하이킹하는 것을 정말 열정적으로
> 좋아하지 않았다면 아마도 지금 이 자리에 없었을 것이다.
> ― 폴 세잔

딕 조이는 3세 이후로 데번 반스터플 남동쪽에 있는 인구 2,400명의 랜드키라는 마을에 살고 있는 싹싹하고 가식이 없으며 한결같은 원로이다. 그를 원로라고 소개한 이유는 단지 나이(그는 83세이다) 때문만이 아니라, 그가 확실히 '권위를 지닌 한 지역사회의 원로'이기 때문이다.

5년 전 아내를 잃고 난 이후로 딕 조이는 혼자 살고 있다. 혼자서 요리를 하고 꽤 넓은 밭에서 채소를 재배한다. 한때는 저지종(種) 젖소 한 마리와 약간의 양, 닭을 기르기도 했으나 가축은 이제 기르지 않고 있다. 최근 들어서는 걷는 데 약간의 어려움을 겪고 있으며 젊은 시절의 체력 또한 온데간데 없다. 하지만 기개만은 변하지 않고 젊은 시절 그대로이다. 그는 전형적인 시골 사람이었고, 수십 년 동안 그를 알고 지낸 것은 내게 커다란 행운이었다.

딕 조이는 H. G. 메싱엄이나 조지 스터트, 내 친구인 미국 시인이자 비평가인 웬들 베리 같은 작가의 작품 속에서 추앙받을만한 전형적인 인물이다. 즉 땅에 대한 관심만큼이나 마을 사람에 대한 관심과 추억, 애정을 갖고 있는 사람이다.

딕 조이가 '미스터 랜드키'로 알려진 것은 결코 우연이 아니다. 그는 50년 넘게 랜드키 교구회에서 일을 해왔고 그 중에 상당 기간을 회장으로 일하고 있다. 또한 40년 동안 마을의 자치위원회 소속이었고, 오랫동안 자선 및 원예 통합 소사이어티 일에 관여하면서 지금은 이 단체의 의장으로 있다. 이 지역에 있는 단체치고 그가 기여하지 않은 단체가 없을 정도이다. 그가 보여주는 추진력은 고향에 대한 지극한 애정과 애착뿐 아니라 그를 뽑아준 주민들에 대한 책임감에서 기인하는 듯 보였다. 나는 젊은 시절에 사회주의 가르침을 온몸으로 받아들인 이 80대 노인의 이야기를 들으면서 사회적 정의와 평등을 추구하는 숭고한 본보기를 발견했다.

딕 조이는 자신이 교구회 의원으로 당선되었던 선거들의 결과를 보여주었다. 확인 결과 그가 매번 선거에서 큰 차이로 승리했다는 사실을 알 수 있었다. 그는 지역사회에 대한 전반적인 공로를 인정받아 치안판사로 임명되었고 1999년에는 영국 제국 훈장을 받았다. 훈장에 얽힌 이야기를 하면서 비록 사회 초년병 시절 처음 직장을 구할 때는 멜빵이 달린 작업복을 입고 면접을 봤지만 버킹엄 궁전에서는 짙은 색 정장을 입고 있었다고 자랑스러워했다.

딕 조이는 10대 초반에 시골 농장에서 말을 돌보는 일로 시작해서, 그 뒤에 반스터블에 있는 '밀 로드 디포'에서 도제 생활을 하며 목수일을 배우기 시작했다. 린머쓰에서 대홍수가 발생하기 1년 전인 23세에는 지방 단체 의회의 도로국에서 일했다. 많은 사람에게 비극적인 사건이었지만 대홍수가 일어나는 바람에 그는 다리를 놓고 도로를 건설하는 특별한 경험을 쌓을 수 있었다. 그로부터 10년 뒤에는 이 경험을 바탕으로 엑스무어의 도로들을 유지 보수하는 부서를 총괄했다. 이 일을 마지막으로 1981년에 그는 이른 은퇴를 결심했다.

나는 딕 조이가 살아온 인생 이야기에 감명을 받았다. 때로는 도로를 유지하고 보수하는 일이 매우 혹독한 날씨와 팀원들조차 육체적

으로 탈진하는 극도로 어려운 환경 속에서 진행되기도 했지만 그는 담담하게 당시의 일을 회고했다. 그는 자신이 해야 할 일에 최선을 다 했다. 산통을 겪고 있는 여인이 가능한 한 빨리 병원으로 갈 수 있도록 막힌 도로를 뚫기도 했다. 게다가 엑스무어(잉글랜드 남서쪽에 위치한 도시)에서 눈을 치워야했던 사람을 항상 만날 수 있는 건 아니다.

 1962년에서 1963년 사이에 엑스무어에 내린 겨울 폭설은 유명하다. 11월 중순에 1차로 내린 폭설로 엑스무어는 거대한 주차장으로 변했다. 얼마 후 '박싱데이'인 12월 26일이 지나자 곳곳에 30센티미터가 넘는 눈이 내렸다. 하지만 진짜 본격적인 폭설은 1월 말부터가 시작이었다. 서머싯에 있는 160개 마을이 고립되었다. 눈이 6미터씩 쌓여 있는 곳은 오히려 흔했고 경우에 따라서는 9미터씩 쌓인 곳도 있었다. 잉글랜드 전역에서 굴착기가 동원되었지만 눈이 너무 많이 쌓여서 눈가래가 꼼짝을 못하거나 망가지는 경우도 많았고, 그마저도 도로에 있는 눈을 치우자마자 곧바로 다시 눈이 쌓였다. 군대가 동원되어 영국 공군 헬기가 상시 대기하면서 사람과 동물에게 음식과 의약품을 공급하고 환자나 부상자를 병원으로 후송했다.

 1978년에 다시 한 번 혹독한 겨울이 찾아왔다. 하지만 이외에도 황무지에서는 아무리 날씨가 좋다가도 순식간에 돌변하는 경우가 다반사였다. 그렇지만 어떤 고난에도 불구하고 딕 조이와 그의 팀은

맡은 바 임무대로 도로를 관리하는 데 충실했다.

우리는 대화를 나눈 다음에 마을 한가운데 있는 과수원을 방문했는데 그곳에는 60여 그루의 체리나무가 있었다. 랜드키는 오래전부터 맛있는 체리로 유명하다. 체리는 15세기까지도 반스터플 시장에서 거래되던 기록이 남아있지만 최근 들어 더 이상 상업 작물로서는 재배되지 않는다. 1950년대까지만 해도 모든 농장에는 과수원이 있었다. 하지만 지난 40여 년 동안 영국에 있는 과수원 숫자는 3분의 2가 줄어들었다. 대략 600제곱킬로미터에 달하는 과수원이 사라진 것이다. 데번에서만 거의 90%에 달하는 과수원이 1965년 이래로 모습을 감추었다. 이것은 거시적인 관점에서 그다지 문제가 되지 않는 손실이라고 생각할 수도 있지만 내 생각에는 분명히 문제이다. 토속 문화가 하나씩 사라질 때마다 그리고 한 마을이나 환경의 다양성과 풍요로움이 파괴될 때마다 우리는 모두 패배자가 된다. 선조가 남긴 랜드키만의 모든 토속적인 문화에 대해서 열정적인 책임감을 지닌 딕 조이 역시 분명 같은 생각을 했을 것이다. 아무튼 딕 조이는 랜드키 교구회를 설득해서 이 체리나무가 세상에서 잊히지 않도록 조치를 취했다. 그리고 56,000달러의 보조금이 확보되어 지금처럼 과수원에 체리나무를 심을 수 있었다. 여기에는 그린스템 블랙과 블랙 바틀러, 던 스몰 블랙, 하나포드 이렇게 총 4가지의 체리나무가 보존되

고 있고 지금까지 무럭무럭 자라고 있다.

우리가 해당 지역을 방문하는 동안에 딕 조이는 자신이 부적절한 개발로부터 지켜낸 또 다른 장소를 보여주었다. 시원한 아침 바람에 빛을 발하는 풀밭이 정말 아름다운 곳이었다.

"저는 시골을 보호하는 지킴이로서 일하고 또한 이곳을 제가 태어났을 때보다 좋은 상태로 유지하는 것이 저의 임무라고 생각합니다."

그에게 "지금까지 살아온 삶에 만족하시나요?"라고 물었다. 그는 잠시 망설이다가 그러길 바란다고 대답하고, 자연과 가까이 하는 삶의 중요성을 재차 강조했다.

데번에 관한 W. G. 호스킨스의 훌륭한 책에서 랜드키를 찾아보면서, 나는 호스킨스가 랜드키에 대해서 사용한 '태고의, 시골스런 잉글랜드, 안정적인, 땅에 깊이 뿌리를 내린, 변함없는, 만족스런, 사리분별이 있는' 같은 표현들이 딕 조이 같은 사람에게도 딱 어울린다고 생각했다.

08

수도승 출신 편집자, 교수
사티시 쿠마르

> 말로 갈 수도 있고, 차로 갈 수도 있다.
> 둘이서 갈 수도 있고, 셋이서 갈 수도 있다.
> 하지만 맨 마지막 한 걸음은 자기 혼자서 걸어가야 한다.
> ― 헤르만 헤세

여기에 소개된 인물 중에서 가장 나이가 어린 축에 드는 사티시 쿠마르(1936년 인도 라자스탄 출생)가 여기에 포함된 주된 이유는, 쿠마르가 집필이나 강의, 여행을 하고, 〈재기〉라는 잡지의 편집자로 일하는 등 다양한 활동을 하기 때문이 아니다. 그보다는 그의 배경이 근

본적으로 유대교나 기독교처럼 유일신을 섬기는 종교로부터 영향을 받은 전통을 갖고 있는 대다수의 다른 사람들과 다르기 때문이다.

쿠마르는 현재 〈재기〉의 편집자로 일하고 있을 뿐 아니라 자신이 1991년에 설립을 도와준 다팅턴 슈마허 대학의 방문 교수로 일하고 있다. 현재는 아내인 준과 함께 노스데번에서 살고 있다.

❀ ❀ ❀

나는 9살에 자이나교 수도승이 되었고, 수도승으로서 늘 삶과 죽음의 순환을 생각했습니다. 자이나교의 교리는 고행이나 단식, 명상, 산책, 가르침 같은 수련을 통해서 자유를 얻고, 업이라고 하는 세속적인 구속에서 해방되어야 한다고 가르칩니다. 세속적인 구속으로부터 해방되면 죽음은 '열반'에 들어가는 과정으로 여겨지게 됩니다. 죽음을 통해서 마침내 궁극적인 자유를 얻는 것이지요. 열반이란 영혼이 일종의 영원불멸 상태가 되는 것입니다. 인간은 육체로부터 자유로워지고 영혼은 영원한 존재가 됩니다.

이것은 현자들의 가르침과 경험에 바탕을 둔 일종의 믿음입니다. 그 경지를 체험하는 순간 해탈에 이르고 더 이상 세속적인 일에 연연하지 않게 됩니다. 나 역시 그러한 경지를 경험하지는 못했지만 당시에는 신앙적인 차원에서 그 경지에 대한 믿음을 지니고 있었습니다. 따라서 수도승으로 있는 동안에 나는 순수한 영혼의 상태로 살다가 죽음을 맞이할 수 있도록 기도했습니다. 두려움이나 노여움, 탐욕, 자만심 같은 속박이나 집착에서 벗어나기 위해 기도했지요. 영혼이 그러한 경지에 이르러서 죽음을 맞고 싶었습니다. 죽음은 두려워할 게 아니라 오히려 반겨야할 대상입니다. 인생에서 죽음은 절대적이고 본질적이며 없어서는 안 될 필수불가결한 요소입니다. 만약 죽음이 없다면 속세나 육체의 구속으로부터 벗어날 수도 없습니다. 오직 죽음을 통해서만 스스로를 구원하고, 영혼을 육체로부터 자유롭게 할 수 있습니다.

하지만 살아 있는 동안에는 몸이 아프거나 건강이 좋지 않아도, 또는 어떤 긍정적이거나 부정적인 일이 생겨도 초연하게 그에 대처해야 합니다. 좋은 일이 생겼다고, 또는 뭔가를 얻었다고 지나치게 기뻐하지 말아야 합니다. 마찬가지로 소유하고 있던 뭔가를 잃었다고 너무 애통해할 필요도 없습니다. 그게 핵심이지요.

나를 지탱해주는 것도 바로 이 같은 믿음입니다. 이러한 믿음의 토대는 어린 시절에 형성된 것이고 평생에 걸쳐서 영향을 끼치고 있습니다. 따라서 한 번도 죽음에 대해 걱정을 하거나 두려움을 느낀 적이 없습니다. 늙는 것을 걱정하지도 않지요. 어린 시절에 받아들인

전통적인 자이나교의 가르침이 지금까지 나를 지탱해주고 있기 때문이지요. 따라서 74세가 된 지금도 나는 죽음에 대해 아무런 두려움이 없어요. 오히려 긍정적으로 받아들입니다. 그리고 앞으로도 언제나 죽음을 맞이할 준비가 되어있을 겁니다.

육체에 갇혀 있는 한 고통이 따르기 마련입니다. 마찬가지로 속세에 대한 집착을 버리지 못하면 고통을 겪기 마련이지요. 육체적인 고통과 마찬가지로 정신적, 심리적인 고뇌와 슬픔이 존재합니다. 분명히 존재합니다. 물론 속세로부터 완전히 벗어나는 건 불가능합니다. 하지만 나는 내가 세상일에 지나치게 연연하지 않고 마음의 평정을 유지할 수 있는 정도는 된다고 믿습니다. 아이가 태어나는 것은 기쁜 일입니다. 바로 얼마 전에도 새로운 손주가 태어났답니다. 물론 기쁜 일입니다. 하지만 나는 그마저도 초연하게 대처하려고 노력합니다. 생과 사는 삶의 일부에 불과하기 때문입니다. 새로운 생명이 태어났다고 지나치게 흥분할 필요도 없고, 마찬가지로 누군가 죽음을 맞이했다고 과하게 안타까워할 필요도 없습니다.

내가 4살 때 아버지께서 돌아가셨는데 당시는 내 인생에서 가장 어릴 때 기억이기도 합니다. 지금도 매우 생생하게 기억하는데, 아버지는 위엄 있는 모습으로 반듯하게 누워계셨고 가족들은 한없이 슬퍼했습니다. 어머니도 울고 누이들도 울고 형수와 형들도 울었습니다.

온 가족이 깊은 슬픔에 빠져서 좀처럼 헤어나질 못했습니다. 어떻게 보면 역설적인 상황이었습니다. 모순이었지요. 우리 가족은 모두 자이나교도였고 잃고 얻는 것에 대해서 초연하게 대처하도록 교육을 받았습니다. 하지만 어쩔 수 없이 인간이었기에 감정을 다스릴 수 없었던 겁니다.

4살짜리 꼬마였음에도 불구하고 그로 인해서 나는 혼란을 느꼈고, 그 이후로 계속해서 죽음에 대한 해답을 찾으려고 했습니다. 어머니는 자주 스님들을 만나러 가셨는데, 어느 날 나는 어머니를 따라갔다가 스님에게 아버지가 돌아가셨을 때 가족들 모두가 무척 슬펐다고 말했습니다. 그리고는 죽음을 극복할 수 있는 무슨 방법이 없느냐고 물었지요. 그러자 스님이자 내 스승이던 분이 이런 이야기를 들려주셨습니다. 생과 사로부터 자유로워지는 유일한 방법은 세상과 인연을 끊고, 최소한의 활동과 최소한의 집착, 궁극적으로는 완전하게 집착을 버리는 순수한 삶을 사는 길밖에 없다는 말씀이었습니다. 순수하고 탈속한 삶을 사는 최선의 방법은 집과 속세를 떠나 수도승이 되는 것이었습니다. 그래서 나는 9살의 나이로 자이나교 수도승이 되기로 했습니다.

내가 아주 어린 시절에 겪은 또 다른 경험은 쿤단이라는 스님을 만난 일이었습니다. 그분은 당시 70세가 넘었는데 어느 날 자신이 너

무 노쇠해졌고 더 이상의 활동이 불가능하다고 생각하고 죽음을 맞이하기 위해서 단식을 결정하셨습니다. 나는 그 스님과 함께 지내고 있었는데 그 같은 결정이 무척 당혹스럽기도 했지만 한편으로는 감명을 받기도 했습니다. 이것이 많은 사람들 특히 비구니와 스님들이, 하지만 전문 수행인이 아니더라도, 죽음을 받아들이는 자이나교의 전통입니다. 제 어머니 역시 80세가 되셨을 때 쿤단 스님과 똑같은 생각을 하셨습니다. 당신께서도 이제는 노쇠했고, 떠날 때가 되었다고 생각하신 거지요. 어느 날 아침 어머니는 딸들과 친구들, 다른 가족들을 방문해 작별 인사를 하면서, 이튿날부터 죽음을 맞이하기 위한 단식에 들어가겠다고 하셨습니다. 충격적인 말씀이었지요.

하지만 우리에게는 이미 그러한 전통이 있었기 때문에 나는 어머니의 결정이 경건하고 종교적이며 영성을 지향하는 사람들이 세상을 떠나는, 죽음을 맞이하는 방식이라는 것을 알고 있었습니다. 따라서 어머니가 진정 용기 있는 분이라고 생각했지요. 그 날 어머니께서는 이렇게 말씀하셨습니다. '나는 죽음을 직시하고 내일부터 단식을 통해 죽음을 받아들일 거란다.' 이 소식은 어머니의 친구와 친지들은 물론이고 자이나교 공동체에서 이 같은 결정을 지지하는 사람들에게도 널리 알려졌습니다. 이후 35일간 어머니의 삶과 일, 창조적인 행동에 대한 대대적인 축복이 이어졌습니다.

인도에는 잘 살아야 잘 죽는다는 말이 있습니다. 말하자면 우리는 두 가지 측면에 대해서 관심을 집중하고 생각해야 한다는 뜻입니다. 하나는 죽음에 대해 걱정하지 않는 것입니다. 만약 오늘을 잘 살 수 있다면 행복한 죽음을 맞이할 수 있을 것입니다. 다른 하나는 언제라도 죽음을 맞을 준비가 되어 있어야 한다는 것입니다. 대비를 하고 준비를 갖추어야 합니다. 인도 사람들은 늘 주변을 정리해두고 언제든 떠날 준비가 되어 있어야 한다고 배웁니다. 인간은 자신이 언제 죽을지 알지 못합니다. 그러므로 항상 준비를 갖춰놓고 마치 내일 죽을 사람처럼 오늘을 살아야 합니다. 어깨에 너무 많은 짐을 짊어지고 있지 말고 벗어버릴 건 벗어서 항상 삶을 가볍게 해두어야 합니다.

만약 심적으로 초연하게 준비가 갖춰지면, 건강하거나 아픈 것은 단지 몸에서 일어나는 자연스런 현상임을 이해하게 될 겁니다. 당신에게 병이 생기더라도 그 병은 단지 한 순간 당신을 지나가는 것입니다. 병이 지나가면 다시 건강이 찾아오고, 건강한 때가 지나면 다시 병이 찾아옵니다. 만약 병이 지나쳐가지 않고 머문다면 당신이 떠나게 될 것입니다. 죽게 되겠지요. 그리고 그 죽음을 통해 당신은 육체로부터 해방될 것입니다. 힌두교 교리에 따르면 영혼은 죽지 않고 오직 육신만 소멸될 뿐입니다. 영혼은 마치 우주처럼 영원합니다. 오직 인위적으로 세워진 건물만이 때가 되면 무너지는 것입니다. 어떤 건

물은 20년이나 30년, 50년, 500년까지도 버티지만 결국은 모두 무너지기 마련입니다. 문명도 결국은 멸망하기 마련이고, 도시도 무너지기 마련이며, 커다란 나무도, 어떤 나무는 500년씩 살기도 하지만 결국은 모두 죽습니다. 이것이 영원불변한 존재의 법칙입니다. 즉 변화, 생과 사, 시작과 끝이 모두 삶의 일부입니다.

따라서 죽음을 너무 슬퍼하거나 지나치게 열망하지도 말아야 합니다. 슬픔의 반대는 어떤가요? 축복해야 할 일이 생긴다는 건 정말 좋은 일입니다. 하지만 누군가를 잃었다고 지나치게 슬퍼하지 말아야 하는 것처럼 생명의 탄생에 대해서도 과도하게 흥분하지 말아야 합니다. 궂은 날이든 맑은 날이든 모두 다 기쁜 마음으로 받아들여야 합니다. 모든 것을 기꺼이 즐기세요. 어떤 일에 부닥치더라도 그것은 존재에서 비롯되는 아름다움과 신비일 뿐입니다. 그러니 세상만사 존재의 아름다움과 신비를 기쁘게 받아들여야 합니다. 세상엔 한 가지 요인만 있는 것이 아닙니다. 다양성이 존재하지요. 그러니 세상 만물을 기꺼이 받아들이십시오.

09

가이아 이론의 창시자
제임스 러브록

> 당신은 수많은 별들과 마찬가지로
> 거대한 우주의 당당한 구성원이다.
> 그 사실 하나만으로도 당신 자신의 삶을
> 충실히 살아가야 할 권리와 의무가 있다.
> ― 맥스 에흐만

91세인 제임스 러브록은 과학자이자 발명가이며 저자이다. 그는 데번에 있는 집이 딸린 연구실에서 독자적으로 일을 한다. 그리고 두 번째 아내인 샌디와, 자신이 직접 나무를 심은 35에이커(약 141,000제

7장 멋지게 나이든 사람들의 짧은 이야기 ··· 211

곱미터)에 달하는 숲에 둘러싸여 살고 있다.

제임스 러브록은 DDT 같은 농약이나 오존을 파괴하는 프레온 가스를 사용했는지 검사하는 중요한 도구를 발명했다. 1950년대 초반에는 냉동시킨 동물을 부활시키는 장치를 개발하다가 아이디어가 떠올라 전자레인지를 발명하기도 했다. 하지만 더욱 주목할 점은 그가 세상에 가이아이론을 소개했다는 점이다. 이 이론은 지구가 끊임없이 지구에 있는 생명체의 요구를 수용하면서 마치 하나의 살아있는 유기체처럼 움직인다는 것이다.

최근까지 제임스 러브록은 가이아이론에 관한 7권의 책을 냈을 뿐 아니라, 자서전인 《가이아에 대한 경의(Homage to Gaia)》를 발간했으며, 가장 최근에는 《사라져가는 가이아의 얼굴(The Vanishing Face of Gaia)》을 발표했다.

✿ ✿ ✿

나는 내가 이렇게 오래 살게 될 줄은 정말 몰랐습니다. 쉰 살까지 나는 과체중이었고 하루에 담배 10개비 정도를 피웠습니다. 그러던 중 갑자기 급성 통증이 생겼고 90미터만 걸어도 가슴이 부서질 듯 아파왔습니다. 나는 책을 통해서 그것이 매우 심각한 병임을 알게 되었고, 가족들은 내가 기껏해야 6개월 정도 살 수 있다는 통보를 받아야 했습니다. 나는 될 대로 되라고 생각했습니다. 어차피 회복되지 않을 거라는 생각으로 한 달 동안 쉬면서 빈둥거리다가, 당시 내가 살던 도싯의 바우어초크 마을 뒤에 있는 높이 91미터짜리 언덕을 보면서 '저기라도 오르자'고 결심했습니다. 그리고는 정말 그렇게 했습니다! 3개월 동안 꾸준히 그곳을 오르내리자 병이 나았습니다. 심장 동맥도 다시 건강해졌습니다. 누구든 이러한 선택을 할 수 있습니다. 그냥 주저앉아 있거나 자기연민에만 빠져 있으면 남는 건 죽음뿐입니다.

물론 결심을 하고 실행에 옮기는 일이 쉽지는 않지만 그에 따른 보상은 정말 대단합니다. 병이 낫고 채 2년이 지나기 전에 나는 아일랜드에서 산을 등반하고 다녔습니다. 예전에는 상상할 수도 없는 일이었지요. 나는 아일랜드 비라 반도의 헝가리 힐 산비탈에 있는 환경 감시국을 거의 매일 올라 다녔습니다. 환경 감시국이 있는 그곳은 유럽에서 공기가 가장 맑고 동시에 세상에서 가장 멋진 곳이었습니다.

오늘 나는 내 나이에 정말 놀랐습니다! 나는 80대에 이르러 건강이 악화되어 계속된 수술을 받아야 했는데 홀스워시에는 현명한 의사가 한 분 있었습니다. 그 의사에게 물었습니다.

"나는 얼마나 더 살 수 있습니까?"

그러자 의사가 그러더군요.

"그런 건 신경 쓰지 마세요. 단, 이것만 꼭 기억하세요. 만약 건강 상태가 비교적 양호하고 직접적으로 생명을 위협하는 요소가 없으면 선생님은 앞으로 3년은 더 살 수 있습니다."

그건 정말 기쁜 소식이었습니다. 내게 그 정도 시간이면 충분했기 때문입니다. 당신이 9살이든 90살이든 마찬가지입니다. 지금 당장의 건강 상태만 좋다면 앞으로 3년은 더 살 수 있다는 뜻입니다. 정말 멋진 생각입니다. 그렇게 생각하면 과연 내가 얼마나 더 살 수 있을지 고민하면서 걱정할 필요가 없습니다.

나는 지금도 새로운 책을 구상하고 있으며 로켓을 타고 우주를 비행할 예정도 잡혀 있습니다. 2009년 12월 7일 이후에 시험 비행이 있을 예정이고 미국 연방 항공국은 그 비행이 안전한지 아닌지를 판단해서 가부를 결정할 것입니다. 아니면 약간의 계획 수정이 필요하다고 할 수도 있겠지요. 우주선은 지구 전체의 모습을 볼 수 있을 정도로 높이 올라갔다가 우주에서 약 5분 정도 머물 예정입니다.

물론 이 여행은 내게 특별한 흥분과 짜릿함을 줄 것입니다. 나는 우주에서 지구를 보는 것처럼 생각하면서 그리고 지구가 수십억 년 넘도록 어떻게 그처럼 지구의 생물체에게 계속 호의적일 수 있었는지 궁금해 하면서, 가이아이론의 전체적인 개념을 만들었기 때문입니다.

나는 무슨 일이 있어도 절대 이 우주 비행 기회를 놓치지 않을 작정입니다. 우주선이 대기권 밖에 머물다가 안으로 재진입하는 순간은 짜릿하면서도 위험한 순간입니다. 게다가 그 우주선은 마치 보통 항공기처럼 활공을 하다가 정해진 공항에 착륙해야 합니다. 하지만 나는 이 프로젝트의 책임자인 리처드 브랜슨 경을 믿고 있습니다.

건강 문제로 되돌아가서 내가 가장 중요하게 생각한 최소한의 한 가지 신체활동은 힘차게 걸으면서 심장을 빨리 뛰게 하는 것이었습니다. 일주일에 세 번씩 그렇게 하고 나면 육체적인 효과뿐 아니라 정신적인 효과도 있습니다. 하지만 미리 말하자면, 나는 평균 수명보다 오래 살려고 노력하는 사람들을 그다지 좋게 보지는 않아요. 개인적으로야 충분히 이해할 수 있지만 건강과 지구의 관점으로 본다면 유감스러운 현상이기 때문입니다. 이 2분법적 논의에 대해서는 앞으로 쓸 다른 책에서 다룰 예정입니다.

물론 과거에 나는 뉴에이지처럼 터무니없이 들리는 온갖 가설을 제기해서 비난을 받았고, 나름대로 타당한 회의론을 불러오기도 했습니다. 하지만 나는 믿습니다. 만약 우리가 지구의 번영을 우리 계획의 중심에 두지 않는다면 그 결과는 재앙일 것입니다.

지구는 온실가스 같은 잠행성(潛行性) 유독물질에 의해 이미 손상

을 입었고, 훨씬 심각한 여러 문제가 더 발생할 수도 있습니다. 만년설이 녹고 바다의 수위가 상승해서 아직은 알 수 없지만 미래의 어느 날 해수면에 위치한 런던이나 뉴욕, 도쿄 같은 세계적인 도시가 바다 속으로 사라질 수도 있습니다.

가이아 즉 지구의 입장에서 볼 때, 우리들 대부분은 현재의 인간 중심적인 종교를 대신할 새로운 종교가 필요하다고 생각합니다. 새로운 신앙에서는 지구가 최우선적으로 고려될 것입니다. 그럼에도 종교라는 개념을 도입하는 건 문제가 있습니다. 무엇보다도 종교가 인간 중심적인 개념이고 종파와 종족으로 나뉘기 때문입니다.

우리 인간은 아직 지구를 다스릴 정도로 현명하지 못한 것 같습니다. 상황이 매우 좋지 않게 변해가고 있지만 정작 언제 문제가 터질지 아무도 제대로 알지 못하고 있다고 생각합니다. 기껏해야 우리는 전 세계적으로 식량을 생산하기 위해 농장을 만들면서 녹지를 없애는 것과, 오늘날 우리가 대기로 방출하고 있는 이산화탄소가 거의 확실히 유해하다는 것 정도만 알 뿐입니다.

이러한 현상이 계속되면 언젠가는 지구가 다음 안정화 단계로 돌입할 것입니다. 과거에도 여러 번 경험했던 단계로서, 물론 자료도 있습니다만, 지금보다 온도가 대략 섭씨 5도에서 6도 정도 더 올라가는 것입니다.

하지만 일단 그 단계에 돌입하면 적어도 그 이상으로 더 더워지지는 않을 것입니다. 가이아가 더 이상 온도가 올라가는 것을 막고 안정화시킬 것이기 때문입니다. 만약 온도가 더 올라간다면 인간은 멸종하게 됩니다. 지구의 온도가 그 이상으로 상승하지 않더라도 지구는 무척 살기 불편한 곳이 될 터이고 다시 온도가 내려가기까지는 최소한 10만년 이상이 걸릴 것입니다.

내가 소년이던 시절에는 노인이 사회적으로 중요한 역할을 맡았습니다. 노인은 지혜로운 존재로 여겨졌고, 사람들은 노인으로부터 마음의 위안과 평온을 얻었습니다. 하지만 유감스럽게도 이제는 더 이상 그렇지가 않습니다. 내가 파악한 바에 의하면, 사람들은 자신이 점점 나이가 들고 있다는 사실을 모르고 있는 것 같습니다. 나이가 들어서도 젊을 때와 사고가 별반 달라지는 게 없습니다. 하긴 나 역시 30년이나 40년 전에 갖고 있던 생각을 오늘날에도 그대로 갖고 있지요.

사람이 나이를 먹어가는 모습은 유전적인 유산과도 커다란 연관이 있는 것 같습니다. 하지만 여러 가지 면에서 인생은 포커게임과도 비슷하다고 할 수 있습니다. 포커게임에서는 아무리 나쁜 패를 들고 있더라도 결단력과 교묘한 솜씨로 적어도 어느 정도는 게임을 역전시킬 수 있어요. 시각장애처럼 심각한 신체적 결함을 갖고 태어나는 건

7장 멋지게 나이든 사람들의 짧은 이야기 ••• 217

끔찍한 장애입니다. 하지만 헬렌 켈러나 크리스티 브라운을 생각해 봅시다. 크리스티 브라운은 벽돌공인 아버지와 어머니 사이에서 22남매 중 10번째로 태어났습니다. 왼발을 제외한 거의 전신이 마비된 채 태어났지만 그는 자신의 불운을 바꾸었고 세계적인 베스트셀러 작가가 되었습니다. 이런 경우에 장애는 성공을 부추기는 동기로 작용합니다. 그것이 생존의 철학이고 미래의 인류가 물려받게 될 철학입니다.

과학자라는 직업은 내가 계속해서 나아가도록 해줍니다. 과학에는 우리가 발견해야 할 많은 흥미로운 사실과 검증해야 할 많은 일이 존재하기 때문입니다.

10

흥미로운 시대를 사는
데니스 피커링

> 사람은 나이를 먹는 것이 아니라
> 좋은 포도주처럼 익는 것이다.
> ─ 필립스

86세의 데니스 피커링은 합동 개혁 교회에서 은퇴한 성직자이고 엑스머스에서 아내인 메리와 함께 살고 있다. 데니스는 목사가 자신의 천직이라고 생각하기 전까지 과학을 공부했다. 그는 열린 마음뿐 아니라 사람들에게 친절하고 애정을 갖고 있었기 때문에 목사로 일하던 시절에 분명 인기가 많았을 것이다.

❁ ❁ ❁

　맞습니다. 나는 과학을 공부했기 때문에 뭔가를 믿으려면 먼저 그에 대해서 확실히 알아야 했습니다. 하지만, 그럼에도 불구하고 목사로서 내 삶은 충분한 가치가 있었다고 생각합니다. 나는 목사로서 일하는 것을 즐겼고 그 일을 즐기는 과정에서 다른 사람에게도 도움이 되었기를 바랍니다. 오늘날에는 많은 사람들이 이러저러한 형태의 영성을 추구하고 나는 기독교도이기는 하지만 자유롭고 열린 마음으로 다양성을 대하기 때문에 인간의 삶을 우리가 이해할 수 없는 진화와 상상을 초월하는 규모의 창조라는 관점에서 생각합니다. 나는 물리학이나 천문학, 생물학 등의 분야에서 새로운 과학적 발견이 이루어지고, 그로 인해 우리가 현재 갖고 있는 신학적인 생각들이 새로운 도전을 맞이할 때마다 짜릿함을 느낍니다. 우리는 정말 흥미로운 시대를 살고 있다고 생각합니다.
　과학을 공부한 덕분에 나는 사물을 관찰하기를 좋아합니다. 음악에 대한 열정만큼이나 관찰력을 통해서 경외감을 경험합니다. 나는 나비와 나방, 잠자리와 메뚜기를 연구해 왔습니다. 저녁이 되면 자주 밖으로 나가 주위에서 흔히 볼 수 있는 야생 동물을 촬영하고, 울음소리를 녹음합니다. 어느 날에는 이른 아침에 어둠 속에서 나이팅게

일이 노래하는 소리를 녹음한 적이 있습니다. 경이로운 소리였습니다. 정말 멋졌어요. 나는 그러한 아름다움 속에서 위안을 찾습니다. 마치 종교처럼 말이죠. 그 아름다움의 세계에서는 한 생명이 삶을 지속하기 위해 다른 생명을 취하는 건 당연한 일로 여겨집니다.

나는 특히 음악을 좋아합니다. 기도와 음악은 밀접한 관계가 있습니다. 나는 기도문보다는 음악을 통해 많은 기도를 합니다. 메시앙의 오르간 음악은 요한복음만큼이나 내게 많은 의미가 있습니다. 메시앙의 음악을 듣고 있으면 위대한 기독교적 주제들이 지닌 미스터리를 탐험하는 것 같습니다.

음악에 대한 내 초년의 기억은 자신이 직접 작곡한 오페라 서곡 '코케인(Cockaigne)'을 지휘하고 있던 엘가의 모습입니다. 하지만 이탈리아 오페라 외에도 나는 초기 고전주의와 낭만주의, 현대 음악 등 다양한 서양음악을 좋아합니다. 시간이 날 때마다 당대의 훌륭한 연주자가 해석한 이러한 서양음악을 듣기 위해서 에든버러와 올드버러 축제 같은 곳을 다니기도 합니다.

모든 여행이 그렇듯이 삶에는 시작과 끝이 있습니다. 그리고 이 시작과 끝은 우리를 창조한 진화에 있어서 가장 중요한 부분입니다. 여행이 막바지를 향해 갈수록 우리는 우리의 감각이 점차 무뎌지고, 기억이 흐려지게 된다는 사실을 받아들일 준비를 해야 합니다. 줄곧

짐을 지고 있던 몸이 노쇠해지면서 행동은 점점 느려지고 고통과 불편함이 늘어납니다.

노인이나 고통을 겪는 사람, 죽어가는 사람 또는 그 유족들과 함께 많은 시간을 보내온 교회 목사로서 그리고 한때는 병원 목사로 일했던 사람으로서, 정작 내가 노인이 된 이때를 대비해 진작부터 준비해 왔어야 하는 건 아마도 바로 그런 마음가짐이었을 겁니다.

하지만 노화에도 장점이 있습니다. 천천히 걷게 된 요즘 들어서 나는 바쁘게 삶을 살아야했던 시절에 볼 수 없었던 많은 것을 발견하고 관찰합니다. 책을 읽고 국민 의료 보험에서 지급한 보청기 덕분에 음악을 감상하고 사색하면서 많은 시간을 보냅니다. 세상에는 여전히 배우고 발견할 것들이 굉장히 많습니다. 그 모든 것들은 비록 숨이 가쁘고 관절염이 있긴 하지만 열정적인 아마추어 동물학자인 내게 커다란 의미가 있습니다. 아울러 대견한 우리 가족을 포함해 삶에서 얻은 모든 것을 감사하는 마음으로 돌아볼 수 있게 되었습니다. 그 덕분에 인생 여정의 끝자락에서 찾아올 수 있는 신체적인 약점에도 당당히 맞설 수 있습니다.

87세의 독설가
앤 웨스트컷

아무리 나이를 먹었다 해도 배울 수 있을 만큼은 충분히 젊다.
― 아이스큐로스

우리는 좀처럼 숨을 돌릴 겨를도 없이 삶의 깊은 끝자락에 도달했다. 이제는 그럭저럭 살거나 죽는 일뿐이다. 하지만 앤은 약간 다르다. 그녀는 여전히 활동적이고 지적이다. 한편으로는 그녀의 열정을 잘 따라가지 못하는 나 같은 사람에게 약간은 냉소적인 태도를 보이기도 한다. 앤이 외쳤다.

"맞아요. 나이 든다는 사실을 무시하세요. 노화와 관련해서 전부

다 무시해버리는 거예요. 그렇지만 기본적인 대비책은 있어야 합니다. 예를 들자면, 정착할 집을 마련하세요. 그리고는 삶을 계속해 나가는 거예요. 자신이 얼마나 늙었는지 생각할 필요가 전혀 없어요. 육체적인 나이와 관련한 요소들은 전부 무시하세요."

앤이 어떻게 생각하든 정부는 65세가 넘은 사람들의 존재를 사실상 도외시한다. 참고로 앤은 87세이다.

앤과의 대화에는 항상 긴장하게 만드는 뭔가가 있다. 그녀는 40년 넘게 교사로 일하면서 역사와 영어를 가르쳤고 한동안은 라틴어를 잠깐 가르치기도 했다. 그리고 독설가적인 면모를 지니기는 했지만 항상 친절하고 자애로우며, 보통의 나이든 사람과는 전혀 다른 인상을 준다. 에너지와 도전 정신, 열정이 가득하며, 그래서 늘 사람들의 관심을 끈다. 인터뷰를 하면서 앤은 나이라는 주제와 지대한 관련이 있는, 그리고 그녀가 새롭게 매력을 느낀 한 격언에 대해서 논의하길 원했다. '신이 사랑하는 사람은 일찍 죽는다.'라는 격언이었다. 그녀가 말을 꺼냈다.

❀ ❀ ❀

　먼저 젊음이란 개념을 살펴봅시다. 젊음을 특징짓는 게 무엇일까요? 젊음이란 자유와 유연성, 열린 마음, 창의성 같은 항목이 아닐까요? 늙었다는 것은 어떤 사람이 이제 틀에 박히고 정해진 행동 양식을 갖고 있다는 의미에요. 반면, 젊다는 건 새로운 또 다른 기회를 기약할 수 있다는 뜻이지요.

　젊은 사람은 행복할 자격이 있는 사람이에요. 반면, 젊음을 잃어버린 사람은 경직되고 완고한 사람이며, 살아있는 순간이 제공하는 활기나 아름다움에 더 이상 반응하지 않지요.

　영혼은 영원해요. 슈베르트는 31살의 젊은 나이에 요절했지만 그가 남긴 음악과 풍부한 영성은 여전히 하루하루 세계를 감동시키고 있어요. 신이 젊은이를 사랑한다는 말은 의심의 여지가 없어요.

　맞아요, 영혼은 실제로 존재해요. 사람은 영혼을 가지고 있고 육체가 소멸한 뒤에도 계속해서 존재해요. 새로운 뭔가를 창조하는 것만큼 영혼을 만족시키는 것도 없어요.

　만약 노인이 혼자서도 당당히 생산적인 일을 할 수 있다면 더 이상 혼란스러워 하지도 않을 거예요. 그렇게만 된다면 노인들 스스로도 새롭게 태어나는 기분이겠죠. 하지만 그렇게 되기 위해서는 마음을

열고 진심으로 원하는 일을 할 준비가 되어 있어야 해요.

나는 예전에 연극 단체를 운영한 적이 있어요. 1년 동안 아서 밀러의 '도가니(The Crucible)'와 W. B. 예이츠의 '연옥(Purgatory)', 셰익스피어의 '헛소동(Much Ado About Nothing)', 올비의 '동물원 이야기(The Zoo Story)', 사르트르의 '비공개(In Camera)', 핀터의 '밤 외출(A Night Out)' 등을 공연했지요.

하지만 그 뒤에 교직에서 은퇴한 이후로는 애플도어로 이사했고 우리 집 1층에다 공예품 화랑을 열었어요. 내가 팔고 싶은 도자기와 그림을 고르는 일은 새롭고 매력적인 경험이랍니다. 화랑은 그럭저럭 현상유지를 하고 있고, 나는 화랑을 열지 않았으면 만나지도 못했을 수많은 사람들과 친분을 나누고 있어요.

또한 런디 섬에 살던 사람들의 역사를 연구하는 데도 관심이 있어서, 최근에는 런디 필드 소사이어티로부터 의뢰를 받아서 '신석기 시대 장례 유적'에 관한 논문을 쓰고 있어요.

나는 지적인 분야에 약간의 재능을 타고났고, 따라서 이렇게 타고난 재능을 발휘하는 것도 내 의무라고 생각해요. 하지만 다른 다양한 일을 하면서 즐거움을 찾기도 해요. 정원 가꾸는 일도 좋아하고, 특히 탐정소설 같은 책을 읽는 것도 좋아해요. 그리고 일요일 오후에는 한두 시간씩 마차를 모는 것도 좋아한답니다.

나는 정말 운이 좋은 여자라고 생각해요. 한평생을 살면서 정말 많은 즐거움을 누렸고, 많은 기회를 얻었거든요. 맞아요, 사람은 늙어갈수록 감사하는 마음도 커지고 새로운 일을 시도할 수 있는 자유도 늘어나요.

나는 전통적인 의미에서 종교적인 사람은 아니에요. 하지만 세상만사에 대한 내 제한된 이해의 틀을 벗어나는 위대한 힘이 존재한다는 사실을 굳게 믿고 있어요. 게다가 나는 데이지 꽃 하나도 마음대로 피게 할 수 없는 인간이기에, 그렇게 할 수 있는 존재는 누구든 존경할 수밖에 없어요.

퇴직 후에 할 수 있는
창업 아이템

틈새시장을 공략하라

우리나라도 일본이나 선진국처럼 고령화 사회로 진입함에 따라 실버산업이 저절로 확산되고 있다. 그러나 정작 정년퇴임을 한 노년층은 마땅한 직업을 찾거나 창업을 한다는 것은 엄두조차 못 낼 형편이며, 그야말로 하늘의 별따기나 마찬가지였다. 그러나 최근에는 여러 곳에서 전문적인 지식을 가지고 있지 않더라도 성공한 사례가 종종 뉴스에 방송되곤 한다.

직업에는 귀천이 없다

요즘 우리는 나이와 상관없이 은퇴를 종용받는 명예퇴직 시대에 살고 있다. 그만큼 살기가 팍팍해졌다는 뜻이다. 한동안 우리 사회는 출근을 기원(바둑을 두는 곳)이나 산으로 하는 웃지못할 상황이 연출된 적도 있었고, 최근에는 사오정(45세 정년 퇴직), 오륙도(56세까지 남아 있으면 도둑놈) 등과 같은 슬픈 유머를 주변에서 들을 수 있으며, 심지어 가정을 버리고 뛰쳐나온 신용불량자가 노숙자로 전전하는 등의 행려자가 늘어나고 있다.

본의 아니게 갑자기 퇴임을 하게 되면 일정한 기간이 경과하면서부터 개인에 따라 차이는 있지만 공황장애 증상이 찾아온다고 한다. 가능하다면 퇴직 후에 곧바로 취업을 하든지 창업을 선택하는 것이 중요하다. 남들과 다른 소호 아이템은 우리 주변에 얼마든지 존재하지만 막상 창업을 하려면 생각보다 많은 자금이 필요하므로 처음에는 주저하게 된다.

　우리나라의 여러 가지 여건상 전문적인 직업에 종사하였다면 모를까? 막상 취업을 하거나 창업을 준비하기가 만만하지가 않다. 가장 먼저 생각할 수 있는 직업군으로는 서비스와 관련된 심부름센터, 구두수선방, 청소대행업, 빨래방 따위를 생각할 수 있으며, 다소 여유가 있다면 창업을 생각해 볼 수도 있다. 그리고 노후까지 생각한다면 귀농도 훌륭한 선택일 수도 있다.

　그러나 연예인들이 인터넷 쇼핑몰로 대박을 친다는 말에 솔깃하여 이런 사업에 관심을 두고 있다면 아예 생각조차 하지 말아야 한다. 그와 같은 사업은 노하우가 없다면 불가능할 뿐만 아니라 막대한 자본력과 브랜드이미지를 앞세워야 가능하기 때문이다.

　지나치게 고수익을 보장받으려면 그만큼 더 어려워질 수 있으므로 노동의 댓가를 누린다는 차원에서 시작한다면 오히려 편한 마음으로 시작할 수 있을 것이다. 이제 자식으로부터의 독립은 선택이 아니라 필수인 셈이다.

1. 염창동에서 피자가게를 창업한 부부

　미국에서 살다가 귀국하여 79세 노부부가 함께 피자가게를 운영하고 있는데 재료비와 부대비용 및 인건비를 제외한 월 순매출액만

1000만원 정도하는데 수익의 50%는 매월 세브란스병원에 기탁한다고 한다.

성공비결은 미국에서 피자가게를 운영한 경험을 살려 철저한 서비스 정신과 지속적인 고객관리라고 하며, 현재 염창동에서 소문날 정도로 엄청난 인기를 누리고 있다고 한다. 이 피자가게는 배달도 하지 않고, 오로지 직접 주문만을 소화하고 있는 데도 말이다.

저가브랜드라는 장점도 한몫을 하고 있지만 수제피자와 견주어도 손색이 없을 만큼의 맛있는 피자에 사활을 걸었다고 한다.

2. 재생 토너 전문 공급업체

A씨는 하이마트 불광동 지점에 근무하다가 명예퇴직하여, 당산동의 지하상가에서 컴퓨터 프린터용 재생토너를 공급하는 업체를 인수하게 되었다. 오로지 전화주문에만 의존하여 운영하였는데 컴퓨터 AS업체와 연계하면서부터 주문량이 폭발적으로 증가하였다고 한다.

월 수요가 보장된 거래처만 약 600군데가 넘는다고 한다. 전문 딜러에게 공급받기 때문에 수익성은 30%에 불과하지만 불량률과 리스크가 없기 때문에 마진은 괜찮은 편이라고 한다.

이 업체는 주로 지하철이나 버스를 이용하여 공급하는 시스템을 구축함으로써 부대비용을 대폭 줄였고, 실버 인력을 확보하여 인건비도 대폭 줄일 수 있다고 했다.

3. 애완동물 가게 체인점 운영

보험업에 종사하다가 55세에 퇴직한 K씨는 지인의 소개로 충무로에서 애완동물 숍을 인수하여 현재 서울에만 10개 이상의 체인점을 오픈하였다고 한다. 물론 충무로 직영점에는 6명의 정직원과 아르바이트 3명이 2교대로 근무하면서 체인점 관리 차원에서 애완동물 분양 및 공급, 미용관련 제품, 애완동물관리사 지원, 사료, 미용교육 등을 지원한다고 한다.

애완동물 숍의 실장 아줌마의 보험설계를 상담하다가 우연한 기회에 창업 제의를 받고선 처음에는 선뜻 용기가 나지 않았지만 어느 잡지에서 선진국에서는 애완숍이 인기가 있다는 기사를 접하였던 터라 퇴직금 2억 5천만원 전부를 투자하여 3년만에 투자금을 회수했고, 그 자신감으로 프랜차이즈 사업을 구상하게 되었다고 한다.

현재 김포 애완동물 사육장까지 개업하여 전국 단위 애완동물 지원센터를 건립하는 계획을 구상 중에 있다고 한다.

4. 70대의 인터넷 쇼핑몰 창업

이제 인터넷에서 활동하는 연령대가 50~60대는 기본이다. 인터넷에서 한방화장품과 한방차를 파는 70대 사장님, 박성열 씨. 그는 병원에서 행정업무를 보다가 퇴직했다. 병원에 근무하던 시절, 한 중국인으로부터 여드름 특효약의 제조기법을 전해들은 적이 있었다. 퇴직 후 몇 년을 거기에 관심을 두고 매달려 여드름 전문 화장품 개발에 성공했다.

그러나 그는 인터넷은 커녕, 컴퓨터를 켜고 끄는 방법도 모르는 컴맹이었다. 하지만 배움에 나이란 없는 법이라는 교훈을 거울삼아 마침내 그는 컴퓨터를 배워 인터넷 한방가게를 차렸다. 이제는 혼자서 제품사진까지 척척 올릴 정도라고 한다. 작년에 할아버지 사이버가게는 무려 9억 원의 매출을 올렸다. 그래서 9억 노인으로 언론에 소개되기도 했다. 할아버지는 말씀하신다. "어차피 인생은 도전 아니냐!"

5. 실버넷 사이트 구축으로 대박친 할아버지

이진원 씨는 중학교 교장 선생님 출신이다. 그는 정년퇴임을 하고 나서 할 일을 찾던 도중에 노인들을 위한 정보 교환터, 인터넷 신문을 생각해냈다. '실버넷 뉴스'가 그것이다. 그는 디지털카메라로 사진을 찍어서 올리고, 또한 날마다 실버 뉴스를 정리해서 올린다. 덕분에 전북에서 주최한 '어르신 인터넷 과거시험'에서 우수상을 받기도 했다. 수익 모델은 거의 광고에 의존하는 편이다. 이 인터넷 사이트가 뉴스에 보도되면서부터 접속자가 기하급수적으로 증가하면서 그만큼 실버 관련 제품광고가 붙게 되면서 수익 사업으로 탈바꿈하는 계기가 되었다.

최근에는 노년층을 상대로 건강식품이나 기능성 약품, 건강 관련 제품까지 직접 판매를 하면서 매출이 증대하여 지금은 전문배송 창고를 운영할 만큼 왕성하게 활동을 하고 있다.

6. 선진국의 첨단 헌책방 창업

얼마 전 미국과 일본에서는 헌책방이 잘 된다고 하는 뉴스가 세간에 오르내리며 이슈가 된 적이 있다. 헌책뿐만 아니라 스포츠용품, 헬스기구, 장난감 등 중고물품 거래가 비교적 잘 되는 편이다. 우리와 다른 점이라면 일본의 헌책방은 지저분한 분위기의 우리나라 헌책방과는 개념부터가 다르다. 기존의 헌책방을 리모델링한 첨단 아이템인 것이다.

일본 북오프(Book-Off)의 경우를 살펴보자. 우선 조명이 밝고 활기차고 향긋한 향기까지 난다. 카페나 패션몰이 아닌가 생각될 정도로 깔끔하다. 북오프의 확실한 컨셉은 가격 시스템이다. 새로 반입된 책

은 무조건 절반 가격, 3개월이 지난 책은 무조건 100엔이다. 이런 확실한 컨셉으로 이곳을 찾는 사람들의 발길이 끊이지 않는다고 한다. 이제는 어떤 아이템이든 컨셉이 분명하지 않으면 안 된다. 그리고 단품 위주의 구성으로 승부해야 고객 유치와 서점관리가 효율적으로 이루어질 수 있다.

7. 공해 관련 상품 전문점

최근 우리나라에 아주 이색적인 전문점이 하나 등장했다. 마스크만 전문적으로 판매하는 곳이다. 종류도 아주 다양하다. 사스(SARS) 예방용 마스크부터 황사 방지용, 알러지 방지용, 천식환자 보호용, 꽃가루 방지용, 먼지 방지용, 화학물질 방지용, 진드기 방지용, 기관지·호흡기 보호용, 자전거용 등이다.

우리나라에서는 아직 이런 식의 본격적인 기능성 마스크가 나오지 않아 대부분을 수입에 의존하고 있다. 여기에 추가할 수 있는 아이템을 연구해보자.

여성들의 립스틱 번짐을 막아주는 웰빙 마스크, 어린아이를 먼지와 황사로부터 보호해주는 유모차 먼지커버, 황사 방지용 선글라스, 휴대용 공기 청정기, 휴대용 향균 스프레이, 물이 없는 곳에서도 손을 씻을 수 있는 휴대용 핸드 크리너, 집안으로 들어오는 먼지를 막

아주는 문풍지 등 500여 개의 상품이 가능하다고 한다.

　점점 더 오염되어 가는 환경을 생각하면 이 분야를 좀 더 전문화시킨 체인점이 전국 대도시에 문을 열 날도 그리 멀지 않은 듯하다. 이런 시장은 먼저 아이템을 선점하는 사람이 가장 유리하다.

8. 물물교환 전문 사이트 구축

　물물교환은 가장 원시적인 교환형태이다. 화폐의 등장으로 물물교환 형태의 거래가 완전히 사라지는가 싶었는데 인터넷시대를 맞이하여 다시 살아나고 있다. 물물교환이 이루어지는 물건들을 보면 컴퓨터, 헬스기구, 건강식품, 의료보조기, 패션, 잡화 등 거의 모든 실물 상품들을 망라하고 있다.

　최근에는 무형의 상품이나 서비스 상품들도 교환 사이트에 많이 등장하고 있다. 항공 티켓이나 여행상품, 레저, 레스토랑이나 베이커리 이용권, 각종 회원권, 부동산, 주식 등으로 확산되고 있다.

　이러한 사업은 역시 물류처리가 관건인데, 최근 굴지의 택배업체와 계약을 하면서 전국규모의 사업으로 확산하였다고 하며, 또한 각종 상품의 종류만 5,000가지가 넘는다고 한다.

9. 기능성 건강 구두점

발은 심장과 직결되는 곳으로 발의 건강은 곧 우리 몸의 건강과 직결된다. 지금 전국 각지에서 성업 중인 발마사지 같은 경우도 이의 중요성을 반영하는 아이템이다.

최근 일본에서는 건강슈즈 전문점이 인기라고 한다. 발이 약한 사람, 부상 등으로 장애가 있는 사람, 나이 들어 발목이 약해진 사람들을 대상으로 개별 맞춤형 신발을 파는 곳이다. 그러자 발목에 문제가 있는 사람들은 물론이고 젊은이들까지 몰려와서 이제 건강슈즈는 하나의 패션이 되어 가고 있다.

유사한 아이템으로 빅사이즈 전문점도 있다. 빅사이즈 전문점은 발이 유난히 큰 사람들을 위한 맞춤 구둣가게이다. 이런 아이템은 인터넷과 연결하면 시너지 효과를 발휘할 수 있다. 최근에는 기능성 신발뿐만 아니라 깔창도 전문점이 생겨날 정도로 성황리에 판매되고 있다고 한다.

10. 수경 재배(하이드로 컬처)

하이드로 컬처, 수경재배를 가리키는 말이다. 수경 재배는 오래전부터 있었지만 최근 하이드로 컬처(Hydro Culture)라는 새로운 기법의 수경 재배 방식을 도입하여 키트(Kit)를 만들어 파는 아이디어가 나타났다.

주로 실내 장식용이나 관상용으로 판매되곤 하였는데 최근에는 수경 재배가 농가 육성사업으로 지원될 정도로 관심이 증가되고 있다. 특히, 토마토나 상추와 같은 채소가 각광을 받고 있다. 심지어 딸기, 고구마, 인삼 따위도 수경 재배를 통해 농가소득원으로 떠오르고 있다고 한다.

하이드로 컬처 소일(대체 토양)은 점토와 흙을 고온에서 소성 발포시킨 것으로 식물의 뿌리를 감싸주는 대용 흙인 셈이다. 이것은 무게가 가벼워서 물에 뜬다. 여기에 식물의 뿌리를 안착시켜 물 담긴 화분에 넣어두기만 하면 식물이 자라는 방식이다. 교육용, 실내 장식용 등으로 빠르게 확산되고 있다.

11. DIY 판매 및 교육

미국인들은 특히 DIY(Do It Yourself)를 좋아한다. 무엇이든 자기 손으로 만들고 고치는 것을 좋아하는 습관에서 비롯되었다고 한다. 휴일이면 자동차를 고치고, 애완견 집을 지어주며, 우편함을 만들어 다는 것이 미국인들의 취미다.

그래서 DIY족들을 위한 공구 체인점, 직접 와서 필요한 물건을 만들어갈 수 있는 목공 전문점이 호황을 누리고 있다. 이것을 한 단계

더 발전시킨 DIY를 이용한 어린이 교육 아이템이 새로운 트렌드로 떠오르고 있다. 완성된 장난감보다는 자신이 직접 조립해보는 것이 아이들에게 훨씬 더 교육적이라는 것이다. 우리나라의 장난감들이 대부분 완성된 형태인 것에 비해 이들은 DIY에 중점을 두고 있다는 점에서 차이가 난다. 관심 있는 분들의 연구를 바란다.

머지않아 이런 전문점이 생겨나 여러분의 사업 아이템으로 제공되며, 또한 일상생활에서도 취미활동이나 여가활동의 일환으로 자리 잡게 될 것이다.

12. 샴푸방

시간이 없어 머리를 감지 못하고 출근하는 사람들이 간단히 샴푸를 할 수 있는 곳이다. 사우나를 가기에는 좀 번거롭거나 이런저런 일로 골치가 아플 때도 잠시 들러 머리를 감고 쉬어갈 수 있다.

최근 우리의 거주 환경 주변에는 네일숍, 다림방, 코인 세탁소 등과 같은 서비스 전문점이 우후죽순으로 생겨나고 있는데, 휴식공간처럼 느껴질 정도로 너무 친숙해졌다.

요즘엔 서비스업 자체가 힐링을 염두에 두고 접근한다고 한다.

13. 어린이 전용식당

어린이들은 우선 깨끗하고 깔끔한 곳을 선호한다. 우리의 떡볶이 전문점이나 우동, 국수, 짜장, 스테이크와 같은 전문점이 동네마다 성업 중이다. 어느 나라의 식당이든 어린아이들이 문제다. 이런 불편을 해소하기 위해 등장한 것이 일본의 어린이 전용식당이다.

예쁜 의자와 꼬마탁자, 동물 그림이 그려진 테이블, 아이들이 마음놓고 낙서할 수 있는 벽면에다 바닥은 아이들이 뛰어놀아도 미끄러지지 않는 고무타일로 깔려 있다. 의자나 테이블 모서리는 모두 각진 곳을 없앴다.

한 쪽에는 아이들의 놀이코너도 있다. 주방 안을 들여다보고 즐길 수 있도록 유리벽을 설치했으며 음식 재료는 모두 아이들의 건강에 좋은 유기농산물이다.

14. 당뇨용 식단 전문점

아직도 치료가 해결되지 않아 지속적인 식단조절을 통해 일상생활을 영위하는 환자들이 많다고 한다. 최근에는 식이요법에 따른 식음료, 선식, 웰빙 주스 등을 가정으로 직접 배달까지 하는 전문 업소가 등장하기에 이르렀다.

당뇨 환자들에게는 식이요법이 가장 중요하다. 가정에서는 이들을

위해 특별한 식단을 준비하지만 밖에 나와서는 그런 식당이 없다. 이런 사람들만을 위한 식당이 일본에서는 유행이라고 한다.

우리나라에도 이들을 위한 전문식당이 머지않아 하나의 흐름을 형성할 것으로 전망된다.

15. 인터넷 된장가게

인터넷에서 된장을 판매하는 '된장골'이라는 가게가 있다. 한 주부가 아이를 출산한 후 입맛을 잃어 가던 중 시골에서 가져온 우리의 전통 된장을 먹고서 입맛을 되찾은 경험에 착안하여 우리의 전통 된장가게를 인터넷에 열었다. 이것이 웰빙 바람과 맞물려 궤도에 오른 경우이다.

여기서 취급하는 상품은 정선의 쥐눈이 콩된장, 봉평 된장, 하동 된장, 통일 청국장 등 모두가 우리 고유의 전통 된장들이다. 창업비용은 디지털카메라 구입비 80만원, 상품 보관용 냉장고 등 100여만 원이 전부라고 한다. 지금은 한 달 매출이 800만 원 정도 된다고 한다. 이런 것이 바로 블루오션이다.

최근에는 각종 브랜드 김치가 연예인들을 앞세워 웰빙 김치로 시장 공략을 하여 대박을 터뜨린 사례가 신문지상에 오르내린다. 소비자의 입맛을 자극하는 김치, 만두, 냉면, 피자 따위의 웰빙용 식품은 거의 판매가 단기적 시장 공략을 통해 수익을 창출하는 시스템을 도입하고 있다.

16. 주산학원

최근 대도시를 중심으로 빠르게 늘어나는 소자본 창업 아이템 중 하나가 주산, 암산학원이다. 70~80년대에 활발하게 성행하던 주력 아이템의 부활인 셈이다. 주산, 암산은 아동의 두뇌개발과 집중력 향상 등에 좋지만 그 동안 컴퓨터에 밀리면서 거의 사라졌었다. 이것이 조기 교육 붐과 맞물리면서 다시 등장한 것이다.

창업비용도 아주 저렴한 편이고, 학생 30명 정도만 확보하면 안정적인 수익이 보장된다. 별도로 들어가는 비용이 없기 때문이다. 어느 정도의 주산실력을 갖춘 분들이라면 손주뻘의 아이들과 노는 재미도 쏠쏠할 듯하다.

이러한 개념으로 접근하면 한자검정시험과 서예를 접목하여 초중등학생들의 수요를 어느 정도 확보할 수 있을 것이다. 아니면 미술학원과 컴퓨터를 결합하면 미대진학을 목표로 하는 학생들을 공략할 수도 있다.

17. 창업정보 제공을 위한 전문 카페

경기도 안산에서 시흥시 방면으로 가다가 보면 인적이 드문 들판에 조금 특이한 카페 하나가 있다. 이런 들판에 카페가 있다니 놀랄 만하다! 카페하면 도심이나 대학 부근에 있는 게 정상이지만 이 카페는 인적 드문 들판에 자리하고 있다. 그런데도 이 카페에는 손님들이 차를 타고 모여든다.

비결은 이곳이 창업정보를 제공해주는 카페라는 점이다. 이곳에서는 창업과 관련된 각종 도서, 신문 스크랩, 해외 창업 트렌드 등의 정보를 벽면 가득히 비치해두고 있고 누구나 차를 마시면서 자유롭게 열람할 수 있다. 창업 적성검사도 받아볼 수 있으며 특정 분야인 경우에는 주인이 직접 창업 상담을 해주기도 한다.

요즘 테마 카페가 유행하고 있는 것은 그만큼 삶이 윤택해진 측면도 있지만 주5일제 근무가 시행되면서 일보다 휴식 개념이 일반인들에게 중요하게 인식되고 있기 때문이다.

이런 독특한 테마를 갖추면 입지와 상관없이 성공할 수 있다는 점을 감안하면 조금만 연구하고, 주의를 기울인다면 자신에 맞는 카페를 얼마든지 오픈할 수 있다.

18. 편의점과 배달의 결합형 서비스업

요즘은 서비스 차원에서 전자제품을 구입하든, 가구를 구입하든, 음식을 주문하든, 아니면 마트에서 물건을 구입하든 오토바이나 경차를 이용하여 집까지 신속하게 배달해주는데 소비자의 편의를 배려한 측면이 강하다.

편의점과 배달을 결합해서 24시간 언제든지 주문만 하면 상품을 집으로 배달해주는 편의점이 미국에 나타났다. LA에 있는 pink.com이 그곳이다. 핑크닷컴은 1호점 성공을 바탕으로 40여 개의 점포로 확대해가는 중이다.

여기서 취급하는 상품의 가격은 일반가게보다 조금 비싸지만 시간이 없는 사람, 몸이 불편한 사람, 야간작업을 하는 사람, 밤늦은 시간에 쇼핑 나오기가 귀찮은 사람들이 주로 애용한다.

이는 편의점과 택배업체가 상호 장점을 적극적으로 활용하는 개념인데 최근에 출판시장은 불황인데 인터넷서점은 배송업체와 결합하면서 물류비를 최소화하여 매출의 극대화를 꾀하고 있다.

19. 배달 대행 편의점

위 사례와 유사한 업태가 서울 강남에도 등장하여 돌풍을 일으키고 있다. '움직이는 편의점'이라는 상호를 가진 이곳은 편의점에서 취

급하는 상품을 배달료 1,000원에 원하는 곳으로 배달해준다.

컨셉은 아주 단순하다. 고객들이 전화로 주문을 하면 오토바이를 타고 가까운 편의점으로 가서 물건을 구입하여 배달해주는 대신 배달료 1,000원을 받는 방식이다. 축구를 보다가 시원한 맥주 한 잔이 생각나면 수수료 1,000원을 주고 배달받는 방식이다. 이것은 실패할 거라는 예상을 뒤엎고 주문이 폭주하기 시작했다. 포장마차에서 술을 마시던 사람이 담배 한 갑을 주문하기도 한다.

그러자 이제는 편의점에서 취급하는 상품을 자체적으로 확보하여 상품마진과 배달료를 동시에 취하는 형식이 되었다. 지금은 편의점 3개 정도의 물량을 소화하고 있다고 한다. 이러한 기법은 앞으로 인터넷이 발달되면 더욱 성행할 가능성이 높다.

20. 베이비시터 파견업

57세의 한 주부는 결혼한 딸이 직장을 다니게 되면서 아이를 좀 봐달라고 부탁을 해왔다. 순간 아이디어가 떠올랐다. 베이비시터(아이돌보는 사람) 파견업을 생각한 것이다. 이를 위해 뒤늦은 나이에 컴퓨터학원에 등록하여 공부를 해서 창업한 것이 부모마음이라는 사이트이다.

부모마음은 베이비시터를 파견해주고 또 지속적으로 관리해준다.

지금은 전국 12개 지부에 베이비시터 3,700명을 확보할 정도로 성장했다고 한다. 이곳은 태어난 지 36개월 미만의 유아만을 대상으로 돌봐 준다. 이 이상이 되면 놀이방이나 유아원을 찾기 때문이다.

월 단위 서비스를 기본으로 하지만 수요자의 특성을 고려하여 비교적 단기간 시간제, 특정 요일제 등을 활용하여 수익을 극대화한다고 한다.

21. 시에스타 룸

시에스타(Siesta)는 스페인을 비롯한 유럽 남부와 중남미 국가들이 점심시간 후 1~2시간씩 즐기는 낮잠을 말한다. 시에스타 룸은 곧 낮잠 자는 곳이다. 휴식공간의 측면에서라면 남자들이 여자보다 훨씬 유리하다. 휴게실이나 사우나 등처럼 쉽게 찾을 수 있는 공간이 주위에 많기 때문이다.

그러나 여자들의 경우 갈 만한 곳이 없다. 미용실이나 헬스장이 있지만 조용히 쉴 장소는 아니다. 무엇보다 '개인적 공간'이 보장되지 않는다는 치명적 결함도 갖고 있다. 그냥 가만히 한두 시간 정도 묵상할 수 있는 공간이면 좋겠는데, 딱히 그럴 만한 장소가 없는 것이다.

최근 일본에 등장한 낮잠 공간의 경우, 일상에 지친 여성들이 한두 시간 맘껏 쉴 수 있는 공간으로 충분할 듯하다. 이곳에서 여성들은

낮잠을 잘 수도 있고 비디오를 볼 수도, 음식을 주문하여 먹을 수도 있다.

가격은 평일 1,260엔, 주말 1,575엔 정도라고 한다. 여성고객이라는 특성상 업주 측에서는 전신마사지 등의 프리미엄 서비스를 제공하기도 한다. 또한 화장품 회사와 제휴해서 시제품을 무료로 사용할 수 있는 기회도 주어진다. 네일아트나 아로마 오일마사지 등도 부가 서비스로 제공하지만 순수하게 수면만 취하고 가는 고객들이 많다고 한다.

이 아이템은 우리나라에도 곧 등장할 것으로 보인다. 장사가 잘 안 되는 노래방이나 비디오방의 전업 아이템으로 고려할만하다.

22. 인터넷 북한 수공예 및 예술품 전문점

북한 수공예 명인들의 작품을 남한에서 구입할 수 있는 인터넷 사이트가 생겼다. 오래 간직하고 싶은 사진(인물사진 포함)이나 그림을 인터넷을 통해 북한으로 보내면 북한의 인민 예술가들이 명주실로 자수를 놓아 액자로 만들어 남한으로 반출하는 방식이다. 일반 사진은 쉽게 색이 바래지만 이렇게 만든 명주실 자수는 100년이 지나도 변하지 않는다고 한다.

또한 북한에는 아직 우리에게 소개된 적도 없는 숨겨진 예술품이 많다고 하는데 이를 인터넷 사이트에 소개하여 수요자에게 넘겨주는 것인데 이는 작품에 따라 다르지만 이익률이 엄청날 정도로 수익성이 좋다고 한다.

물론 이러한 제품을 공급하는 루트를 뚫는 것이 사업자의 입장에서 보면 급선무이다.

23. 인터넷 감장사로 벤처가 된 농부

시골에서 감 농사를 하던 분이 코스닥 등록을 준비 중이어서 화제다. 그는 한 해 수확한 감을 팔 때 감의 떫은맛을 없애주면 모두 구입하겠다는 한 중개상의 농담반 진담반의 말을 듣고 달려들어 떫지 않은 감을 만들어 농산물 신기술 벤처의 주인공이 되었다.

감의 떫은맛은 탄닌 성분 때문인데, 그는 아세트 알데히드가 탄닌과 결합하면 떫은맛이 없어진다는 것을 알고 있었기 때문에 가능하였다. 그리하여 만든 것이 '달면서도 떫지 않고, 무르지도 않아 먹기 좋은 감'이다. 이것이 바로 벤처 아이템으로 성장한 비결이 되었다.

최근에는 여기서 한 발 더 나아가, 감을 영하 20도로 얼려서 저장한 다음 껍질을 제거한 '아이스 누드 홍시' 개발도 성공했다는 소식이다. 나중에는 이를 이용한 감주스 개발에 도전한다고 한다. 농업도 얼마든지 벤처기업으로 성장할 수 있음을 보여주는 사례이다.

24. 지오 돔

지오 돔이란 돔형 조립식 웰빙주택을 말한다. 임시주택 형태로 이것을 농어촌, 산촌 마을에 설치해 두고서 아이들로 하여금 현장 체험을 하게 하는 프로그램이다. 도시의 아이들에게는 방학 동안에 농어촌, 산촌에서 물고기를 잡고, 감자를 캐고, 반딧불이를 잡고, 별을 보는 추억을 만들어 주고, 농어촌과 산촌 사람들에게는 아이들의 체험장을 빌려 주고, 특산물을 팔 수 있도록 연계한 상품이다. 흙벽돌집, 통나무집, 온돌집 따위는 새로운 체험 관광으로 떠오르고 있는 아이템이다.

최근에 주 5일근무제가 정착되면서 별장이나 콘도처럼 부담스런 장소가 아닌 그야말로 누구나 주말을 즐길 수 있는 펜션이 유행하고 있다. 펜션사업은 요즘 인터넷 예약시스템이 발달하여 별도의 홍보비가 드는 것도 아니기 때문에 재테크 사업으로 각광을 누리고 있다.

임대 수익을 시골에서 누린다고 생각하면 비교적 안정적인 수익이 보장된다.

25. 채식 전문 레스토랑

역시 웰빙 바람을 타고 채식 레스토랑이 기지개를 켜고 있다. 육류 위주의 식습관이 건강에 좋지 않다는 것은 알려진 사실, 그 외에도 광우병이다 조류독감이다 해서 몇 년을 주기로 불황이 닥쳤다. 비교적 그로부터 안전한 아이템이 채식 전문 레스토랑이다.

여기에서 나오는 식단은 콩으로 만든 각종 음식, 호박, 당근, 연근, 찹쌀구이, 솔방울찜, 각종 버섯, 여기에 적절히 해산물을 곁들이는 식이다. 인공 감미료나 화학 첨가물을 일체 사용하지 않는다. 우리나라에 이제 막 등장하기 시작한 아이템이다.

26. 인터넷 임산부용 전문 옷가게

여성이 임신을 하면 임부복이 필요하지만 대부분의 임부복은 한결같이 볼품없는 것들뿐이었다. 좀 예쁜 것을 사고 싶지만 임산부들은 무거운 몸으로 돌아다니기가 불편하다. 이러한 점을 적극적으로 이용하면 인터넷 상에서 맘에 드는 임부복을 얼마든지 소개할 수 있다.

임부복을 인터넷에서 팔아야 하는 이유는 임부복 판매가 개성이 강한 아이템이기 때문이다. 이에 착안하여 한 주부는 현재 인터넷에서 임부복과 유아용품을 결합하여 팔고 있다.

월 매출이 수천 만원에 이른다고 한다. 전형적인 틈새 아이템인 셈인데 이런 아이템을 찾는 방법은 일상생활에서 느끼는 불편을 찾아 이를 역이용하는 것이 비결이다. 30년 전쯤 외국에서 고급 유모차를 들여와 고가로 판매한 적이 있다. 물론 강남의 특정지역에 국한되었

지만 1년 뒤에는 유모차 전문 공장이 생겨났으며, 나중에는 대기업에서 인수하면서 대박사업으로 확장되기도 했다.

27. 카페 장식용 골동품

한 주부는 골동품 수집이 취미였다. 시계, 라디오, 옛날 전화기, 유성기 등 골동품 시장을 다니면서 이들을 모았다. 이렇게 모은 것들로 집안이 비좁을 정도였다. 아들의 권유로 골동품들을 인터넷에 올렸더니 불티나게 주문이 폭주하자 급기야 전국 각지를 돌면서 매입을 하기에 이르렀다.

구입하는 고객 중에는 역시 골동품 수집을 취미로 하는 사람들도 있지만, 카페 등을 꾸밀 장식품으로 골동품을 구입하는 사람들도 많다고 한다. 지금 그녀는 한편으로는 골동품을 팔고, 한편으로는 전국을 돌면서 골동품을 수집하고 있다. 취미가 사업으로 바뀐 것이다.

복고풍 장식은 어느 특정 세대에게 향수를 불러일으키고 편안함을 제공한다고 한다.

28. 북극형 선술집

서울의 홍대 앞에는 한여름에 방한복을 입어도 추운 술집이 있다. '아이스바 서브제로'가 그곳이다. 벽, 바닥, 의자, 탁자 등 인테리어까지 모두 얼음이다. 심지어 술잔까지도 두꺼운 얼음으로 된 조각이다. 문을 열면 북풍한설처럼 찬바람이 몰아친다. 유명 조각가의 얼음조각을 구경하는 사이에 바텐더가 얼음 잔에 칵테일을 따른다. 홀짝홀짝 20분쯤 지나자 방한복 안의 목이 움츠러들고, 장갑을 낀 손이 덜덜 떨린다. 사람들의 입에선 입김이 쏟아진다.

이곳의 실내 온도는 영하 4~6도, 아이스바의 원조인 스웨덴 스톡홀름 풍이다. 얼마 전 스웨덴 대사관 관계자 20여 명이 생일파티를 했는데, 추운 나라 출신답게 단체로 신기록을 세웠다고 한다. 그 전에는 미니스커트 차림의 여대생 셋이 얼음 위에서 춤을 추며 54분 머물다 간 것이 최고였다고 한다.

29. 애완용 민물가재 전문점

민물가재가 애완용품으로 인기를 끌고 있다. 주로 미국과 호주 등지에서 수입되는 민물가재는 크기가 10~15센티 정도이며, 그냥 수돗물에서도 잘 자라고 생명력이 강하기 때문에 관상용으로 인기라고 한다. 이 민물가재는 푸른색, 황금색, 흰색, 얼룩무늬 등 종류도 다양하고 짝짓기, 산란 등도 관찰할 수 있어 교육용으로도 인기가 좋다.

컴퓨터에 빠진 아이들도 이것을 들여 놓고부터는 여기에 매달린다고 한다. 민물가재는 암수 한 쌍에 수족관, 모래 등을 합쳐서 4~5만

원 선에 거래된다.

디지털 문화가 심화될수록 아날로그적인 것, 자연을 테마로 하는 상품들이 강세를 보일 것으로 전망된다. 이 부분에 대한 연구를 많이 해주시기 바란다. 미국에는 이런 자연상품만 파는 인터넷 사이트가 인기라고 한다.

30. 버섯쌀 벤처기업

우리나라의 쌀 시장규모는 어림잡아 20조 원. 하지만 농민들에게는 1천 평 농사에 들어가는 비용을 제하면 250만 원 정도가 남는다고 한다. 그래서는 농촌의 부채만 늘어나게 된다. 현재 농가의 부채의 총액은 40조 원에 육박한다고 한다. 더구나 수입쌀을 들여오면 그 가격도 유지할 수 없게 된다.

이러한 상황을 벗어날 방법은 농업과 신지식을 결합시키는 고부가가치 상품을 개발하는 것뿐이다. 여기에 버섯쌀을 개발한 벤처기업이 나타났다. 껄끄러운 현미에 버섯균사체(버섯씨앗)를 접종시키면 버섯균이 자라면서 현미의 껍질을 분해하여 현미의 껄끄러운 거부감도 없어지면서 쌀 자체에 '아라비녹실산'이라는 면역성분을 만들어 낸다고 한다.

이 버섯쌀은 지금 국내에서 가장 비싼 가격에 팔리지만 수요만큼 생산이 따라오지 못함으로써 충분한 물량을 공급하지 못하는 실정이다.

31. 간식 전문 배달업

미국에 등장한 아이디어사업이다. 대학생 등 젊은이들을 대상으로 군것질 꾸러미(세트)를 배달하는 사업이다. 주로 기숙사생활로 외출이 번거롭거나 자유롭지 못한 젊은이들에게 쿠키, 껌, 스낵 등의 간식이 든 군것질들을 주문받아서 배달해준다. 이 군것질 소포가 등장하면 무료하던 동료들이 환호성을 지르며 모여 든다고 한다.

어린 시절 시장에 다녀온 어머니께서 풀어놓던 군것질 보따리의 감흥을 생각하면 될 것이다. 소포를 보내는 사람은 대부분 부모나 여자 친구들이라고 한다.

비슷한 사례로 미국에서는 기숙사에서 생활하는 여자 대학생을 대상으로 그들이 필요로 하는 내의류 등 여성용품만을 전문적으로 판매하는 자판기도 인기라고 한다.

32. 어린이 안전용품 전문점

미국의 어린이 안전용품 전문점이다. 각종 안전용품은 물론이고, 귀나 팔에 내장하는 칩으로 24시간 어린이가 어디에 있는지를 추적할 수 있는 GP 시스템도 취급하며 필요시 경호요원도 파견해준다.

특별 부록 퇴직 후에 할 수 있는 창업 아이템 ··· 255

미국에서는 가장 빠르게 성장하는 아이템 중 하나이다.

하다못해 어린이 책상의 모서리도 사각이 아닌 둥근 원형으로 바꾸어 주고, 미끄러지지 않도록 계단에 고무를 덧대주는 등 아이 안전에 대한 토털 서비스를 제공한다. 아직 우리나라에는 일천하나 향후 가장 빠르게 성장할 분야 중 하나이다.

33. 왼손잡이 전문 쇼핑몰

왼손잡이는 여러 모로 불편한 점이 많다. 모든 생활용품들이 거의 오른손잡이를 위해 만들어졌기 때문이다. 여기에 등장한 것이 왼손잡이용품 전문점이다. 이는 몇 년 전 미국과 일본에서 인기를 끈 아이템이다. 상품의 종류를 무시하고 왼손잡이들이 필요로 하는 모든 아이템을 취급하고 있다.

사회적인 배려가 투영된 사업이기 때문에 제품이나 상품의 구색을 얼마나 갖추고 있는가에 따라 사업의 성패가 달려 있다고 해도 과언이 아니다. 가령 야구 글러브, 골프채, 미용용품 등도 생각해 볼 수 있다.

34. 저택 웨딩 하우스 대행

우리나라도 마찬가지지만 호텔이나 예식장 같은 장소에서의 천편

일률적인 결혼식은 너무 개성이 없다. 저택 웨딩 하우스는 이런 곳을 벗어나 나만의 독특한 결혼식을 해보고 싶은 젊은이들의 마음을 사로잡는 아이템이다. 이곳에서는 가정집이나 정원이 있는 건물 등 새로운 분위기의 예식을 대행해준다.

몇 년 전 일본에서 시작된 이 아이템은 빠른 성장을 거듭하여 나스닥(우리나라의 코스닥)에도 상장되었다. 요즘엔 유람선의 선상에서 한다거나 비행기 안에서 한다거나 이벤트 성격의 결혼식이 유행하고 있다.

35. 즉석 손두부 전문점

역시 일본에 막 등장한 아이템이다. 손님이 자리에 앉으면 두유와 간수, 가스레인지가 앞에 놓인다. 두유를 50도 정도로 끓이다가 간수를 붓고 5분 정도 기다리면 맛있는 손두부가 된다. 만들어 먹는 재미가 핵심이다. 만들어 먹는 재미에 예약을 해야 할 정도라고 한다.

고객들에게 신선한 맛을 제공한다는 차원에서 관심을 끌 수 있는 요인이 되며, 무엇보다도 건강 식단을 제공한다는 것이 가장 큰 장점으로 작용한다.

메밀묵도 손두부처럼 짧은 시간에 먹을 수 있다면 좋은 아이템이 될 수 있을 것이며, 요즘엔 즉석에서 만들어 먹는 떡볶이도 고객들에

게 인기가 많다.

36. 암반욕

　일본에 등장한 아이템이다. 웰빙의 새로운 개념으로 등장한 암반욕은 체내 노폐물이나 유해물질의 배출에 초점을 맞추고 있다. 뜨거운 바위 위에 누워 있으면 체내 노폐물이 빠지고 스트레스 해소와 다이어트에도 좋다고 한다. 우리나라의 찜질방과 비슷한 '핫요가'이다.

　이와 비슷한 개념에서 접근해 본다면 삼림욕이나 태양욕도 일정한 공간과 장소만 확보할 수 있다면 추진해 볼 수 있는 아이템으로 적극 추천하고 싶다.

37. 맞춤형 베개

　일본에는 맞춤 베개 열기가 뜨겁다. 휴식 중에서도 가장 중요한 것이 수면인데 그동안 이의 필수품인 '나에게 꼭 맞는' 베개가 없었다는 것이다. 맞춤형 베개는 사람의 신체 조건에 따라 혹은 건강 상태에 따라 그 사람에게 가장 적합하게 제작한 의학적으로 검증된 베개이다.

　후두부의 형태, 목의 길이, 어깨 폭, 등의 면적, 귀의 길이 등 고객의 정보를 mm까지 감안해서 제작한다. 이렇게 제작한 베개 하나의 가격은 1만 엔이 넘는다. 그래도 열풍이 가시지 않는다. 우리나라에도 전문성을 곁들인 이런 베개를 만든다면 시장성이 충분할 것으로 보인다.

특히 우리나라 전통 베개를 개발하여 건강형으로 보급한다면 중장년층에 충분히 어필할 수 있을 것이며, 이와 연계된 상품을 함께 판매한다고 해도 무방하리라 판단된다.

38. 맞춤형 술집

미국의 창업시장은 생활밀착형 서비스업과 DIY 그리고 아날로그로의 향수가 흐름을 형성하고 있다. 미국의 브루시티(Brew City)라는 술집 체인이 있다. 여기서는 고객이 원하는 술을 직접 만들어준다. 이곳에서 만들 수 있는 술의 종류는 60여 종류나 되는데, 고객은 그 중 하나를 골라 재료를 섞어 자신만의 술을 만든다. 그러고 나서 2주 정도 기다리면 자신의 술이 완성된다.

4병에 90달러 정도의 비용이 든다. 이것 역시 나만의 것을 찾는 개성의 단면이기도 하고 DIY의 일종이기도 하다. 우리나라에도 브랜드화된 안동소주, 홍주, 이강주, 문배주 등도 나름대로의 차별화 전략을 통해 고객을 공략한 것이 주효한 만큼 특정한 수요층을 파악하는 것이 중요하다.

39. 그랜드 키즈산업

미국인들의 가정으로서는 회귀 현상으로 손자와 할아버지 할머니의 관계도 훨씬 가까워지고 있다. 이러한 분위기에서 등장한 것이 그랜드 키즈산업이다. 그랜드 키즈산업이란 손자와 할머니 할아버지가 함께 하이킹, 카누, 댄스 등을 즐길 수 있는 서머 캠프 같은 것들이다.

손자, 손녀들의 양육법과 이들을 데리고 유적지나 교육여행을 하면서 들려줄 이야기도 가르치고 손자, 손녀에게 읽힐 책을 조언해주거나 대화법을 가르쳐 주기도 한다.

우리나라의 경우는 손자와 할아버지 할머니의 관계가 점점 멀어지고 있으나 맞벌이 부부가 늘어나면서 아이를 맡길 곳이 없는 현실이기에 잠재시장 가능성은 있는 것으로 보인다. 일종의 테마여행이나 답사여행도 같은 맥락에서 접근해도 성공할 수 있는 요건을 갖추고 있는 것이다.

40. 벤처기업인의 발상의 전환

비교적 잘 알려진 한 벤처기업, 그 회사는 모든 것이 기발한 아이디어로 가득하다. 몇 가지만 살펴보자. 그 회사는 한 달에 한 번씩 남녀 화장실이 바뀐다. 직원들로 하여금 고정관념에서 벗어나 늘 새로운 발상을 하라는 의미이다. 결재도 사장실에서 하는 게 아니다. 사장이 각 부서를 돌며 현장점검을 하는 동시에 결재를 한다. 현장을 둘러보면서 결재를 하니 훨씬 더 합리적인 의사결정이 가능할 것이 아닌가. 직원들은 사장실 앞에서 기다릴 필요가 없다.

또 월급날에는 빵을 한 아름씩 직원들에게 안겨준다. 왜? 빵을 한 아름 받으면 술집 같은 곳으로 곁눈을 팔지 못하고 곧바로 집으로 들어가게 된다는 것이다. 이런 것이 발상의 전환이다. 장사의 기본은 남과 다르게 하라는 차별화가 관건이다. 이런 것이 벤처사업의 기본이요, 성공사업의 역발상인 셈이다.

41. 여성용품 전문점

미국에서 새롭게 부상하고 있는 아이템으로 '여성용품 전문점'이 있다. 여성들만이 필요로 하는 아이템을 모은 곳이다. 가발, 모자, 유방암 수술 환자들이 입는 가슴용품, 보정의류, 다리교정기, 쌍꺼풀 세정제, 각종 다이어트, 건강용품 등. 지금까지 병원이나 약국 등 특별한 곳에서 개별적으로 구입해야 하는 아이템들을 모은 곳인데, 미국 전역에 체인점으로 확대되고 있다. 최근에는 화장품, 기능성 약품, 건강 관련 제품 등 더욱 다양화된 분야로 확대되는 경향이 있지만 의외로 단품 위주의 전문점을 선호하는 경향이 있다. 왜냐하면 고객들의 욕구와 눈높이가 확장되었기 때문이다.

42. 맨발 워킹사업

최근 미국에서는 맨발 걷기가 새로운 건강법으로 각광을 받고 있다. 그러나 어디 맨발로 걸을 수 있는 곳이 그리 많은가. 우리나라에는 사우나에 가면 조약돌을 깔아 놓아서 걸을 수 있는 조그만 공간이 있다. 맨발 워킹사업은 이를 응용한 아이템으로 잔잔한 음악을 들으면서 흙길과 조약돌 길을 땀이 나도록 걷고 샤워를 하고 나와서 차 한 잔 마실 수 있는 휴식터를 만들면 좋은 아이템이 될 수 있을 것이다. 전형적인 아날로그 아이템이다.

우리나라도 한동안 마사이족의 워킹화가 기능성 제품으로 각광을 받은 것과 다를 바 없다. 시골의 황톳길을 걷는다든지, 아니면 동굴 속을 걷는다든지, 깊은 산속의 숲길을 맨발로 걷는다면 한층 색다른 기분을 만끽할 수 있을 것이다.

43. 유아, 아기용품 살균사업

미국과 일본에 모두 유행하는 아이템이다. 아이들은 손에 닿는 것은 모두 입으로 가져간다. 그래서 아기용품은 더욱 위생처리가 필요하다. 그러나 대부분의 장난감은 커다란 바구니에 담겨 있다. 가정용은 물론 유아방이나 어린이집 등의 장난감들은 더욱 청결이 요구된다.

이 아이템은 이를 전문적으로 살균해주는 서비스이다. 1회 서비스 비용을 받을 수도 있고 회원제로 운영할 수도 있다. 우리나라에도 청소용품 전문점, 청소기기 전문점, 에어컨청소 전문점, 소독 전문업체 따위도 각광을 받는 아이템 중의 하나이다. 특히 귀청소 전문점도 생겼다는 소식도 들려온다.

44. 점포 히스토리 정보 제공업

점포사업의 관건은 상권과 입지이다. 어디에 가게를 얻을 것인가 하는 문제이다. 이를 위해 고정인구, 유동인구를 조사하고 인근 상권의 아이템을 조사하지만 불확실하기는 마찬가지다. 가장 확실한 방법은 예상 점포의 히스토리를 알아보는 것이다. 그 점포에서 5년 전, 4년 전, 3년 전, 2년 전, 1년 전에 어떤 아이템들이 지나갔느냐 하는 것이다.

물론 체인점을 하게 되면 본사에서 컨설팅을 해주지만 그 정보에만 의존한다는 건 다소 불안하기 때문에 자신이 직접 조사를 해보는 것이 필요한 만큼 점포 히스토리는 무엇보다 중요한 요건이 될 수 있다.

특정지역 하나를 목표로 설정하여 점포 히스토리를 구성해두고, 입주 예정자들에게 그 정보를 유료로 제공해주는 방식이다. 미국에 막 등장하여 짭짤한 수익을 올리고 있다는 소식이다.

45. 콩 스테이크, 두부 스테이크

소이 스테이크로 불리는 콩 스테이크는 콩에서 추출한 양질의 단백질로 만든 콩고기 스테이크다. 화학조미료나 육류를 전혀 사용하지 않는다. 그러나 맛은 스테이크를 먹는 느낌이다. 이 음식은 아무리 먹어도 살은 안찌고 뼈는 튼튼해진다. 건강과 다이어트를 추구하는 여성들과 아이들이 특히 좋아한다.

두부 스테이크도 나타났다. 재료는 100퍼센트 우리 콩으로 만든 웰빙 두부. 그러나 모양과 맛은 스테이크와 흡사하다. 두부를 도톰하게 썰어서 빵가루와 치즈 가루를 섞은 다음 오븐에서 굽는다. 여기에 송이버섯과 아스파라거스를 넣고 콩을 발효시킨 소스를 얹어 먹는다. 두부가 부서지지 않으면서도 쫄깃쫄깃한 맛을 살리는 것이 노하우이다.

호박과 고구마 스테이크도 막 등장했다는 소식이다. 이처럼 우리의 유기농 농산물을 이용한 아이템은 얼마든지 가능할 것으로 보인다.

46. 대마 찜질방

얼마 전에 등장한 아이템이다. 얼핏 대마라고 하면 얼른 대마초를 떠올릴 수 있을 것이다. 대마는 강력한 약성분, 특히 환각작용이 있어 우리나라에서는 여러 가지 규제가 따른다. 그러나 미국, 캐나다,

유럽 등지에서는 이를 이용한 다양한 상품들이 나오고 있다. 물론 대마초 자체는 단속대상이다.

　대마를 이용하여 만들 수 있는 상품들은 내의류, 와이셔츠, 양말, 침구류 등이다. 대마는 항균, 항독성이 있어 의류에 안성맞춤이다. 최근에는 대마를 이용한 찜질방이 우리나라에 등장하여 화제를 모으고 있다. 내부를 대마, 황토, 한지, 향나무 등으로 꾸민 저온 찜질방인데, 아토피 등 피부질환에 특효라고 한다. 대마에는 항균, 항독성이 있어 피부에 문제가 있는 사람도 두어 번만 가면 비단결 같이 고와진다고 한다.

47. 폐기물 판매업

　미국 샌디에이고에 등장한 아이템으로 여기서 파는 상품은 공공용으로 폐기된 물건들이다. 도로 표지판, 소화기, 교통신호기, 맨홀뚜껑, 낡은 소방도구 등. 이들은 원래의 기능으로서는 폐기된 것이지만 레스토랑이나 카페 장식용으로서는 그만이다.(우리나라에도 이런 장식을 한 카페들이 많다.)

　요즘 홍대 근처의 카페를 가보면 이러한 소재를 이용하여 카페의 특성을 살리고, 차별화 전략을 인테리어로 대신하는 경우를 볼 수 있는데, 고객들에게 향수를 불러일으키고 편안함을 제공하는 방편

으로 활용하고 있다. 또한 전자제품이나 가구 따위를 재활용하여 중고로 판매하는 재활용센터도 마찬가지 수익성 모델인 셈이다.

48. 응급열쇠 복제업

자동차나 집 열쇠를 잃어버렸을 때 열쇠가게를 찾지만 한밤중이라면 문제가 달라진다. 일본에는 이런 사람들을 위해 24시간 출장 열쇠복제업이 빠르게 성업 중이다. 전화 한 통이면 언제든 달려가 문제를 해결해준다.

자동차의 경우에는 보험사에서 대행하여 해결해주기도 하지만 급한 경우에는 불가피하게 이런 전문점을 찾을 수밖에 없다. 요즘에는 열쇠전문점이 사라진 만큼 오히려 창업 기회로 볼 수도 있다. 이러한 사업은 투잡이 가능하다는 장점을 지니고 있기 때문이다.

49. 민들레 김치

중년의 한 부부, 남편의 사업 실패와 무리한 식당일로 아내의 건강이 무척 악화되었다. 그러다 민들레가 건강에 좋다는 말을 듣고는 민들레를 캐어 무작정 먹었다. 차로도 달여 마시고, 김치로 담가 먹고, 볶아도 먹었더니 건강이 말끔히 회복되었다.

그들은 이 기적 같은 사실을 사람들에게 알려야겠다는 사명감으로 민들레를 재료로 다양한 식품을 만들었다. 이것이 상품화되어 그들은 농업벤처로의 새로운 삶을 살아가고 있다. 들을수록 기분 좋은 소식이다.

우리의 전통 밑반찬으로 오이, 매실, 고추, 깻잎 따위의 장아찌가 예나 지금이나 인기가 있다. 요즘에는 웰빙 차원에서 곤드레나물, 산마늘, 민들레, 질경이 등도 김치재료로 사용되고 있다.

50. 디지털카메라 방수 케이스

틈새 아이템으로 시작하여 기업이 되는 경우도 빠르게 늘어나고 있다. 전자제품은 습기를 가장 싫어한다. 요즘처럼 빠르게 확산되고 있는 디지털카메라의 경우, 일반적인 케이스로는 습기를 막을 수 없다. 비싼 카메라에 왜 방수커버 하나 없을까?

한 아이디어맨이 이 방수 케이스를 개발하여 세계시장에서 인정을 받으면서 무서운 속도로 성장하고 있다. 회사설립 2년 만에 세계시장 점유율 1위를 향해가고 있다는 기쁜 소식이다. 이런 것이 틈새시장이면서도 블루오션이다. 이러한 아이템은 사실 휴대폰 케이스에서 착안된 상품인데 소비자의 필요성에 의해 성공요인이 좌우된다.

51. 자석 한글 알파벳

이 아이템은 한글의 알파벳인 ㄱ ㄴ ㄷ …… ㅏ ㅓ ㅡ 등의 자음과 모음을 자석을 부착한 장난감으로 만들어 아이들이나 시각 장애자들이 한글을 익힐 수 있도록 한 것이다. 엄마가 아이에게 '강아지'라고 말하면 아이는 필요한 알파벳을 찾아 붙이는 놀이를 하며 자연스럽게 한글을 익힐 수 있다. 신나는 한글에서 개발한 기발한 틈새 아이템으로 빠르게 신장하고 있다. 이런 것들이 틈새시장이다.

요즘은 칠판보드를 활용한 메모판도 응용된 상품인데 각 가정의 냉장고에도 이러한 아이템을 도입하여 활용하고 있으며, 또한 유치원이나 학교에서도 자석을 활용한 제품이 널리 공급되고 있다.

52. 어린이 전문용 카페

일본에 막 등장하여 대박을 터뜨리고 있는 아이템으로 아이가 있어야 들어갈 수 있는 카페가 인기다. 1~6세 사이의 아이와 그 동반자만이 입장할 수 있다. 점포 내에는 미끄럼틀이 있는 놀이기구, 공을 가득 채운 풀장 등의 놀이터가 전체 면적의 1/3을 차지한다. 물론 보육사 자격을 갖춘 보육사 2명이 상주하고 있다. 아이들이 노는 동안 어른들은 느긋하게 식사와 차를 마시며 즐길 수 있다.

메뉴로는 생면을 이용한 파스타와 막 구워낸 피자가 있는데 와인이나 맥주도 판매를 한다. 모두 셀프 서비스다. 입장료는 아이들만 시간당 250엔을 받는데 어른은 공짜다.(식사료 별도) 일본 대도시를 중심으로 빠르게 퍼지고 있는 최신 아이템이다.

53. 일본의 사진 배달업

최근 일본에는 사진 배달업이 등장했다. 디지털카메라의 보급으로 주위의 사진관들이 빠르게 사라지고 있어 필름카메라를 사용하는 사람들은 현상, 인화에 어려움을 겪는다. 바로 이 점을 노린 틈새 아이템으로 고객이 전화를 하면 찾아가서 필름을 받아와서 현상, 인화를 해서 배달하는 방식이다.

오더를 한지 3시간 이내에 사진을 받아볼 수 있다. 사진에 대한 기술만 있다면 점포 없이 집에서 전화 한 대로도 할 수 있는 아이템이다. 요즘은 컴퓨터가 발달되어 디지털 전문 인화를 해도 수입을 극대화할 수 있다. 웹하드로 데이터를 주고받기 때문에 시간도 단축되고 비용을 절감할 수 있는 장점이 많다.

특히 휴대폰으로 찍은 것들도 즉석에서 인화할 수 있는 자판기도 개발만 하면 엄청난 인기를 누릴 수 있는 장점도 있다.

54. 일본의 캔디 익스프레스

최근 일본에 사탕 백화점이 등장했다. 20평 정도의 공간에 450여 종의 각종 사탕을 취급하고 있다. 요즘의 사탕은 색상이나 형태가 아주 다양해서 먹는 용도로도 팔리지만 장식용으로 더 많이 팔려 나간다고 한다.

이러한 사업은 어린이 전문용과 장년층을 겨냥해도 사업의 성공을 보장할 수도 있을 것이다. 현대인들은 공급이 수요를 창출하는 것보다 수요를 쫓아가면 훨씬 수월하게 접근할 수 있기 때문이다.

우리나라도 고속도로 휴게소 같은 곳에 가면 이와 유사한 판매점이 성공사업으로 자리매김하는 경우를 볼 수 있다.

55. 애견 대여업

일본에는 자네또라는 이름의 강아지 대여점이 있다. 강아지를 빌리는 손님들은 잠시 데리고 있고 싶은 사람, 구입하고 싶으나 돈이 없는 사람, 며칠 같이 놀아보고서 구입하려는 사람 등 다양하다. 주말이면 자네또는 장사진을 이룬다. 비용은 강아지의 먹이를 포함하여 1박 2일 동안 5,000엔이다.

이와 똑같은 방식으로 애완동물을 위탁하여 맡겨두는 사업을 해도 충분히 성공할 수 있을 것이다. 왜냐하면 애완동물은 전문가에게 맡기고 싶은 속성이 있기 때문에 절반의 성공은 보장하고도 남는다. 단기출장이나 행사로 인하여 불가피하게 집을 비우게 될 때 어쩔 수 없이 선택할 수 있는 방법이 애완동물 호텔이므로 단기 수입이 보장될 수 있다.

56. 생활편의 서비스

이는 집안에서 발생한 문제들 중 일반인들이 쉽게 처리할 수 없는 용역들을 종합 서비스 해주는 프랜차이즈를 말하는데, 변기 청소, 에어콘 필터 청소, 유리/방범창 설치, 방음처리, 상수도 하수구 문제 해결, 각종 해충 방역, 가구 개조 서비스 등 가정에서 수시로 발생하는 문제점들을 해결해주는 아이템이다.

일종의 서비스 편의점 정도로 생각하면 될 것이다. 역시 앞으로 성장이 기대되는 분야 중 하나이다. 특히 현대인들은 생활의 편리성을 추구하기 때문에 예전처럼 주부들이 직접 이런 일들을 도맡아 처리하려고 들지 않는다. 오히려 전문업체에 믿고 맡기려는 심리가 작용되기 때문이다.

57. 사과술잔

서울 신촌의 한 레스토랑, 여성 고객들에게는 사과술잔을 내준다. 사과술잔이란 사과의 속, 씨방 부분을 도려내어 만든 술잔이다. 여기에 술을 따라 마시면 사과향이 스며들어 향긋한 냄새가 난다. 어떤 여성은 술 한 모금에 사과 한 입, 이렇게 하여 술 한 잔에 사과잔 하나씩을 먹어 치우기도 한다.

요즘은 열대과일을 활용한 주스 전문 판매업도 젊은이가 모이는 대학로, 신촌, 강남역 부근, 홍대 앞 등에서 종종 찾아볼 수 있다.

58. 남편 파견업

독신 여성들을 위해 남편을 파견해주는 아이템이 미국에 등장했다. 독신 여성들이 혼자 살아가려면 여러 가지로 불편함이 많다. 전기 하나만 고장 나도 쩔쩔매기가 일쑤이기 때문이다. 남편 파견업은 이처럼 남자의 손길이 필요한 일에 도움을 주는 서비스업이다.

집수리, 실내외 청소, 페인트칠, 전기, 상하수도 수리, 이삿짐 싸기, 장거리 대리운전 등 일상생활에서 남자의 도움이 필요한 모든 것을 돌봐주는 서비스를 제공한다.

우리나라에도 몇 년 전에 키스방이 상륙하였으며, 퀵서비스, 노래방 도우미, 대리운전업 등도 이런 맥락에서 성공사업으로 물망에 떠오르고 있다.

59. 유기농 관리사 자격증

근래 가장 빠르게 성장하고 있는 분야 중 하나가 유기농 관련 분야이다. 유기농이란 한 마디로 비료와 농약을 사용하지 않고 자연적인 재료로만 농사를 짓는 방법이다. 앞으로 농업 분야의 경쟁력은 유기농에 의한 고부가가치 사업에 달려 있다. 이에 맞추어 친환경 농산물 인증을 신청하는 농민들은 빠르게 늘어나지만 이를 관리할 사람은 부족한 상태이다.

친환경 농산물 인증은 우선 토양과 수질을 분석하여 친환경에 적합한지를 판단하고, 영농 현장을 확인하며, 잔류 농약검사 등의 방법으로 이를 인증해주는 제도이다. 이런 추세에 비추어 보면 전문자격이 있는 사람이 턱없이 부족한 상태이다.

시험은 한국산업인력공단에서 실시하고 필기와 실기로 나누어 치르는데, 2005년에 처음 실시되었다. 자격증을 따면 유기농 관련단체, 관련기업, 농산물 가공회사, 유통회사에 취업할 수 있고 관련 공공기관이나 정부기관에도 취업이 가능하다. 창업을 해도 좋을 것이다.

60. 아로마 테라피스트

요즘 힐링 센터가 우후죽순으로 생겨나고 있는 실정이다. 발마사지, 태국마사지, 남성휴게방 따위는 특정한 층을 겨냥한 사업인데 이 향기치료사도 주부들에게 새로운 아이템으로 각광을 받고 있다.

과일이나 꽃, 잎, 씨앗 등에서 추출한 천연 오일을 이용하여 두뇌와 신체를 자극하여 심신의 건강을 도모하는 요법이다. 원리는 인간이 원래 가지고 있는 자연 치유력을 회복시켜 현대인의 스트레스를 풀어주고 심신의 건강을 회복시켜주는데 목적이 있다. 이는 항생제나 약물에 의한 치료보다 자연 치유라는 점에서 각광을 받고 있다.

유럽과 영국에서 시작하여 미국과 일본까지 활성화되어 있다. 우리나라는 아직 초기 단계이다. 향기 산업의 발전과 더불어 전망이 아주 밝은 분야이다. 이 자격증은 국내에서는 발급되지 않는 국제공인 자격증이다. 접근 방법은 외국에서 공부를 하여 취득하거나 허브점 등에서 일정 기간 일을 한 다음 시험을 쳐서 취득하면 된다. 전망이 좋은 만큼 시간이 많이 걸리고 어렵다는 단점이 있다.

61. '톱 10' 전문점

일본에는 '톱 10'이라는 가게가 있다. 여기서는 각 분야에서 'Top 10' 안에 드는 상품만을 모아 판매하는 곳이다. 베스트셀러 책, 음반, 액세서리, 의류 등 분야를 막론하고 현재 가장 잘 팔리는 아이템을 취급한다. 여기서 파는 상품은 모두 최신 유행이라는 의미이다.

이처럼 이제는 주제, 보이지 않는 가치를 중심으로 전개되는 가게여야 한다. 그것이 새로운 시장을 개척하기에 훨씬 유리하며, 또 막 도입기의 시장이어서 자본도 비교적 적게 드는 편이다. 이런 관점에서 보면 인터넷 배송을 토대로 사업을 전개해도 얼마든지 수익성을 보장할 수 있을 것이다. 특히 공동 구매를 유도하는 쪽으로 전환한다면 유통마진까지 확보할 수 있는 장점이 있다.

62. 박물관 소장품 복제업

뉴저지에 본사를 두고 있는 뮤지엄 컴퍼니는 세계적인 박물관 소장품을 복제하여 판매하는 곳이다. 세계 200여 곳의 유명 박물관 소장품에서 일반인들이 관심을 가질만한 아이템을 라이센스를 얻어 복제하고 판매하는 방식이다. 매출액의 5~15퍼센트를 박물관 측에 지불한다. 박물관으로서는 소장품의 홍보도 되고, 수입도 올릴 수 있고, 일반인들로서는 유명품을 자신이 소유하고 있다는 대리 만족을 얻을 수 있는 원윈 방식이다.

누구나 갖고 싶은 물건을 저렴한 비용으로 잠시만이라도 누릴 수 있다면 어린이들에게는 교육적인 교구재로 활용될 수 있기 때문에

얼마든지 도전해 볼 수 있는 사업 분야이다.

63. 향기 속옷 전문점

한 대학생이 향기 나는 속옷을 만들어 대박을 터트리고 있다. 그는 고교 때 향기 나는 속옷 아이디어를 냈다고 한다. 그러나 어린 그에게 투자를 하려는 사람은 아무도 없었다. 그러던 중 그는 마침내 스위스의 한 기업으로부터 2억 달러의 투자를 받아 벤처기업을 설립했다. 단순한 아이디어 하나가 벤처기업으로 이어진 것이다.

기술적인 원리는 알지 못하나, 고정관념에 물들지 않은 학생들의 이런 단순함이 의외로 큰 아이템이 되는 경우가 많다. 따지고 보면 빌게이츠도, 애플의 스티브 잡스도 모두 젊은 나이에 창업을 하여 세계적인 기업가가 된 사례들이다.

특허청에서는 학생들과 여성들의 발명을 장려하기 위해 특허신청 수수료를 70퍼센트까지 감면해주고 있다. 또한 대한 변리사협회에서는 학생인 경우 아이디어만 좋으면 무료로 특허신청을 대행해주고 있다. 때 묻지 않은 젊은이들의 아이디어가 국가의 경쟁력이라는 것을 깨닫기 시작한 것이다. 장애인이나 생활보호 대상자도 마찬가지다.

64. 동물 조련사

이 일은 동물 조련은 물론 생물학 관련 현장학습부터 동물의 우리나 탱크 청소 등 잡다한 일들이 많다. 만약 당신이 돌고래나 앵무새 등 특종의 동물을 사랑하고, 힘들고 더러운 일을 하는 것을 마다하지 않는다면 도전해보는 것도 좋을 듯하다. 관심이 있다면 www.arkanimal.com에 접속하기 바란다.

최근 애완동물 시장이 급성장함으로써 애완동물을 인간 친화적인 상태로 개조시키는 직업도 매력 있는 분야로 발돋움하고 있다. 가령, 헬스 트레이너와 같은 직업도 처음에는 낯선 분야였지만 지금은 헬스장이 늘어남으로 인해서 헬스 트레이너 한 사람이 10~30명 정도의 회원을 관리하고 있다.

에필로그

흔히 중년을 넘긴 이에게 늙었음을 인정하라고 하면 그 어떤 누구라도 쉽사리 자신이 늙었다고 생각하지 않는다. 여전히 20대 전후의 젊은이들과 마찬가지로 청춘의 열정을 간직하고 있음을 은근히 내세울 것이다. 그렇다고 젊음이 되돌려지지 않는데도 말이다.

우리가 나이가 들었다는 건 어쩌면 수많은 경험과 지혜, 그리고 추억을 그만큼 간직하고 있다는 징표에 다름 아니며, 날마다 유쾌한 반란을 꿈꾸며 이런저런 혼자만의 궁리에 몰두할 시기가 되었다는 뜻이다. 어쩌면 벌써 노후 계획을 수립하였을지도 모를 일이다.

독자여러분이 나이듦에 대항할 수 있는 가장 강력한 무기는 삶에 대한 애착과 열정을 가지는 일밖에 없다. 젊음은 어느 정도의 노력으로 일정기간 동안 유지할 수는 있지만 늙음을 언제까지나 거부할 수는 없는 노릇이다.

  윌리엄 새들러(William Sadler) 박사는 사람의 평균 수명이 늘어나고 있는 요즘, 중년 이후의 삶이 더 이상 나약한 늙은이가 아니라는 관점에서 제3의 인생(third age)이라는 말을 만들어 냈으며, 또한 은퇴 이후 30년의 삶이 새롭게 부각되고 있다면서, 이 시기를 핫 에이지(hot age)라고 명명하였다.

  진짜 인생은 바로 지금부터 시작해도 늦지 않다.

나이 드는 즐거움

초판 1쇄 인쇄 2017년 10월 15일
초판 1쇄 발행 2017년 10월 25일

지 은 이 존 레인
옮 긴 이 고기탁
펴 낸 이 고정호
펴 낸 곳 베이직북스

주   소 서울시 마포구 양화로 156, 1508호(동교동 LG팰리스)
전   화 02) 2678-0455
팩   스 02) 2678-0454
이 메 일 basicbooks1@hanmail.net
홈페이지 www.basicbooks.co.kr

출판등록 제 2007-000241호
ISBN 979-11-85160-85-6   13840

* 가격은 뒤표지에 있습니다.
* 잘못된 책이나 파본은 교환하여 드립니다.